UNE RÉPONSE NATIONALISTE AU MONDIALISME

DU MÊME AUTEUR :

• *Manifeste pour le salut de la vraie Droite,* Éditions Vincent Reynouard, 2002 (en collaboration avec Vincent REYNOUARD).
• *L'Universalité du danger gnostique, vrai ou faux ?,* Éditions Vincent Reynouard, 2004.
• *Réflexions sur le nationalisme : En relisant 'Doctrines du nationalisme' de Jacques Ploncard d'Assac,* Samizdat Publications, 2005 / Reconquista Press, 2019 (enrichi d'une préface d'Yvan BENEDETTI).
• *Antidote : Pour une pensée libérée de la tyrannie judéo-maçonnique* (préface de Jérôme BOURBON), Reconquista Press, 2018.
• *Abécédaire mal-pensant : Manuel de combat du traditionalisme révolutionnaire,* Reconquista Press, 2019.

Jean-Jacques STORMAY

UNE RÉPONSE NATIONALISTE AU MONDIALISME

Doctrine élémentaire du bien commun

Reconquista Press

ISBN : 978-1-912853-14-4

Introduction

Les éditions Reconquista Press ont bien voulu, en 2019, publier notre *Réflexions sur le nationalisme : En relisant 'Doctrines du nationalisme' de Jacques Ploncard d'Assac*. L'ami Yvan Benedetti, responsable politique bien connu des militants nationalistes français, nous a fait l'honneur de préfacer cet ouvrage. Quand ce dernier fut présenté au public, Yvan Benedetti lança l'idée d'une conférence au cours de laquelle nous pourrions présenter ce travail devant un auditoire choisi. En nous lançant dans la rédaction de cette conférence, que nous pensions devoir être courte, nous nous aperçûmes que la perspective dans laquelle nous avions traité le thème du nationalisme avait laissé dans l'ombre certaines questions qui à l'époque nous paraissaient ou bien secondaires, ou bien si peu problématiques qu'elles ne méritaient pas un traitement rédigé, parce que leur réponse serait évidente.

L'une des politesses qu'un auteur doit à ses potentiels lecteurs consiste à éviter de les lasser avec des explications, clarifications, dissipations d'équivoques, qu'ils sont capables de mener par eux-mêmes. Néanmoins, quelques conversations privées nous invitèrent à penser que ces diverses matières à discussion étaient moins élémentaires qu'il n'y paraissait, et qu'elles méritaient une explicitation assez soignée pour mériter d'accéder à publication.

L'évidence, comme on le dit volontiers, est ce qui « crève les yeux » ; elle en vient à rendre aveugle comme une lumière trop crue, à oblitérer la vérité qu'elle est supposée dévoiler et promouvoir. Cela se produit quand l'homme en quête d'évidences méprise le labeur d'une démarche discursive dont l'irremplaçable office est de permettre de discriminer entre les vraies et les fausses évidences. Qu'on veuille bien prendre soin de distinguer entre vraie évidence et évidence vraie. Une vraie évidence, c'est un peu comme un vrai discours : « tous les hommes sont égaux » est un vrai jugement (il a un sens), ce qui ne l'empêche pas d'être un jugement faux (ce qu'il signifie n'est pas conforme à ce qui est) ; « il existe un blictri », ou « abracadabra est une première intention », ce n'est ni vrai ni faux, parce que ce n'est même pas un vrai jugement, ce n'est pas vraiment un jugement. De manière générale, la vérité logique est l'adéquation de la pensée au réel ; la vérité ontologique est l'adéquation du réel à son essence. Parler de vrai jugement ou de vraie évidence, c'est évoquer leur vérité ontologique ; parler de jugement vrai ou d'évidence vraie, c'est signifier leur vérité logique. Et distinguer, en chaque cas, entre la vraie évidence et les fausses évidences, c'est précisément réhabiliter la valeur — que l'on serait tenté de contester — de l'évidence entendue comme critère de la vérité objective. Toute vraie évidence est une évidence vraie, parce que l'évidence est une propriété de la chose que l'on connaît — elle est la clarté de son intelligibilité — avant que de l'être de la connaissance de cette chose : une proposition est évidente comme cette table est ronde ou rectangulaire, de sorte que l'évidence de l'idée ou du jugement par lesquels on connaît cette chose — ainsi l'évidence de la connaissance de cette chose — n'est rien de moins que la présence, dans la pensée, d'une propriété de l'objet pensé. L'évidence de l'idée est une participation à l'évidence de ce dont elle est l'idée. Et sous ce rapport l'évidence est le dernier critère de la certitude ; il ne saurait y avoir de critère de l'évidence, car il faudrait qu'il fût reconnu comme évident pour être retenu comme critère. Cela dit, si toute vraie évidence est une évidence vraie, il reste qu'il existe de fausses évidences ; de là vient que l'on doute de la valeur de l'évidence comme critère de la vérité. Et c'est à la raison discursive — par là au labeur des analyses conceptuelles et des raisonnements démonstratifs — qu'il appartient de les dissiper.

Il nous semblait « évident » qu'il existe non seulement une compatibilité, mais encore une solidarité nécessaire entre philosophie du bien commun et philosophie politique de l'organicité ; entre monarchie et nationalisme ; entre État catholique et fascisme. Précisons :

Quand on est nationaliste, on n'est pas individualiste. Quand on n'est pas individualiste, on considère que la société n'est pas le vil instrument des intérêts privés de chacun, ce qui revient à dire que l'on œuvre d'abord en vue du bien commun, lequel n'est pas réductible à la somme des biens particuliers parce que, quand la mesure ou la circonscription de ces derniers est livrée aux appétits de chacun, ils se révèlent conflictuels et ablatifs de la possibilité même d'un bien commun entendu tel le bien du tout de la société prise comme tout. Et si la définition de ce qui, à chaque moment de la vie sociale, correspond au bien commun concret, échappe à la compétence de chaque individu, c'est que la garde et la poursuite du bien commun requièrent une intelligence singulière placée au-dessus des parties de la cité, c'est-à-dire des individus et des partis. Autant dire que le nationalisme semble peu compatible avec l'idée de démocratie, surtout de cette démocratie consommée qu'est la démocratie fondée sur le principe de la souveraineté populaire. Mais alors tout nationaliste conséquent est « mono-archiste », et il n'est pas raisonnable de lui supposer, dans cette perspective, une hostilité de principe à l'égard de la monarchie, sauf si la monarchie qu'il critique n'est pas, à ses yeux, assez « mono-archiste », ce qui aura lieu quand le fascisme prendra naissance.

Est absolu (et non total) ce qui n'est pas relatif, ce qui n'entretient pas une relation de dépendance avec ce qui n'est pas lui. Ainsi nous semblait-il évident que l'absolutisme monarchique a l'éminent mérite de conjurer toute tentation démocratique, de rendre le pouvoir politique disponible pour le bien commun en soustrayant ce pouvoir, restitué à son indépendance souveraine, à la convoitise des puissances d'argent et groupes de pression divers.

Mais il nous semblait non moins évident qu'il avait le défaut de compromettre, en absolutisant le principe dynastique et en réduisant l'État à la famille royale, cette organicité pourtant requise, sous un autre rapport, par le service du bien commun.

Or précisément, ces choses ne sont nullement évidentes pour des observateurs et penseurs, historiens, essayistes et acteurs politiques dont l'honnêteté et le souci de rigueur intellectuelle ne sauraient — à peine de se rendre coupable d'un procès d'intention peu charitable et par définition injuste — être *a priori* mis en doute. Ce que nous croyions évident ne l'était pas du tout pour les théoriciens monarchistes de l'école légitimiste, qui répudient le concept même de nation supposé intrinsèquement révolutionnaire : on servirait la nation pour se dispenser de servir le roi, la nation serait la caisse de résonance de l'autocélébration du peuple souverain. Ce n'est probablement non plus aucunement évident pour un Pierre Hillard aujourd'hui, lequel fait florès grâce à ses surabondantes informations conspirationnistes et antimondialistes, mais aussi furieusement antifascistes au nom d'un providentialisme en lequel il entend faire tenir le constitutif formel de la légitimité du pouvoir politique et l'identité spirituelle de sa patrie, ce qui revient à vider le pouvoir politique de sa consistance naturelle pour lui substituer un principe exclusivement surnaturel. On peut en dire autant des positions politiques les plus fréquentes chez les catholiques en général, chez les catholiques français tout particulièrement, qui développent une réticence quasi pathologique à l'égard de l'organicité fasciste, ne concevant pas la légitimité politique sur un autre mode que celui relevant toujours, plus ou moins, explicitement ou non, de l'organisation théocratique.

C'est donc à la fondation de ces évidences que le présent opuscule est destiné, qui consiste en la présentation d'un projet de conférence consacré à l'idée nationaliste, et enrichi pour les besoins de la présente publication. Ce petit travail s'adresse tout spécialement aux catholiques, et aux catholiques français.

Quand on est Français et catholique, on est comme pris à la naissance par le poids d'une sensibilité politique fondée sur une tradition en fait récente mais qui se veut ancestrale : l'idée de « France Nouvel Israël », de France « peuple élu », selon une conception judéomorphe de la patrie française qui, d'emblée, place les Français dans la position de *frères* ennemis des Juifs. La haine légendaire qui opposait Atrée et Thyeste ne les empêchait pas d'être du même sang, et ceux qui sont du même sang ont vocation à s'aimer. Pour qui a quelques raisons de ne pas se vouloir du même sang spirituel que les Juifs, et qui ne se sent aucunement enclin à les aimer en tant que Juifs, les « *Gesta Dei per Francos* » ont, pour le moins, quelque chose de suspect.

Pour le catholique, un peuple élu est le fruit de l'art divin et non de la nature, il est une communauté humaine rassemblée selon un mode d'existence politique mais à vocation religieuse, une société politique ayant valeur ecclésiale, et son caractère artificiel atteste qu'il a vocation à mourir à lui-même pour se convertir en réalité plus haute ; il doit mourir à lui-même en tant que réalité politique pour faire advenir, de sa mort même, l'Église qu'il n'est pas encore et qui ne sera plus de nature politique ou ethnique mais spirituelle et vouée à subsister, au terme de son cheminement terrestre d'Église militante, hors du temps comme Église souffrante et enfin triomphante. Un peuple élu ne devient un problème, pour lui-même et pour les autres peuples, qu'à partir du moment où il refuse de se convertir ; il est alors telle une graine qui refuse de mourir pour devenir fleur ; ce faisant, la graine crispée sur elle-même se refuse à elle-même, puisqu'elle est programmée pour dépérir et s'accomplir moyennant ce dépérissement. « *Ab esse ad posse valet illatio* » : ce qui est en acte a la puissance d'exercer son acte, ce qui est peuple politique en acte est aussi puissance d'être politique, mais le peuple juif de l'Ancien Testament était puissance à être ce qu'il était mais aussi puissance à être l'Église qu'il n'était pas encore et, en s'insurgeant contre l'actuation de cette puissance — qu'il était — à être l'Église, il s'insurgea contre lui-même, devenant insupportable à lui-même et, par voie de conséquence obligée, insupportable aux autres. À la lumière de ce rappel, si l'on se souvient que l'Église catholique est *la* Religion, absolument universelle et définitive, ainsi non destinée à se sublimer en une autre, on peut prévoir que, quand un peuple catholique se prétend en même temps « peuple élu », gratifié d'une élection qui le mettrait surnaturellement au-dessus des autres peuples mais auquel ne serait pas dévolu le soin de se sublimer lui-même en une réalité religieuse, un tel peuple est en quelque sorte dans la situation du peuple juif, non celui de l'Ancien Testament, mais le peuple juif actuel, qui se dit élu et refuse sa sublimation : un peuple catholique qui se dit élu est un peuple qui, en tant que peuple politique objet d'une élection, est appelé à se sublimer, mais qui, en tant que catholique, répugne à toute sublimation. Il est ainsi contradictoire. Ce qui induit en ses membres une psychologie et un comportement de geignard suffisant : le Français catholique affligé du complexe de l'élection judéomorphe se dira qu'il est le sel de la terre même s'il est objectivement et naturellement médiocre ; il se croira investi de droits d'exception et à ce titre exigera des égards particuliers même s'il est un incapable ; il sera fébrile et inquiet, sous la pression de son exorbitante prétention. Son peuple aspirera, en tant que réalité politique, à l'hégémonie temporelle, sans se préoccuper de savoir s'il a les moyens naturels de l'exercer. Il sera même hanté par le souci de mériter son élection et nourrira la tendance à vouloir prouver en permanence son statut d'exception ; il prétendra, comme le déclara la Très Sainte Vierge à Pellevoisin, tout savoir sans apprendre et tout comprendre sans avoir appris. Il sera enclin, dans sa prétention démesurée, à se conférer la dignité d'un signe de contradiction divin, c'est-à-dire à se glorifier de sa prétention à déranger tout le monde et à transformer en pétaudière invivable le milieu politico-religieux dans lequel il est immergé. Il aura des projets démesurés, se posera en modèle et se donnera en spectacle, nourrira un esprit bavard, ne cessera de « faire l'intéressant » par le lancement de n'importe quelle chimère, sera fasciné par toutes les figures révolutionnaires de l'universalisme abstrait, c'est-à-dire des idéologies. Et bien entendu il compromettra, avec une insupportable bonne conscience, son devoir de convertir les peuples païens et de contribuer au bien commun de la Chrétienté en croyant le servir. Notons que le Juif peut être devenu athée sans perdre sa prétention à se vouloir « élu » ; de même le Français gonflé par l'idée de peuple élu, chauffé à blanc par le souvenir du « *Testament de saint Rémi* » (qu'y a-t-il d'historiquement attesté dans ces légendes ?), se voudra investi d'une « mission » planétaire quand bien même il sera devenu antichrétien. Et c'est même à cause de cette prétention judéomorphe qu'il sera devenu antichrétien, dans son effort de se soustraire à sa douloureuse contradiction constitutive à laquelle, néanmoins, le fait s'attacher son orgueil. **Comment donc être Français en restant fidèle à son baptême ? Comment être nationaliste français sans jeter aux orties la défroque inconfortable de « peuple élu », c'est-à-dire sans renoncer à ce qu'on croit trop souvent être un élément essentiel de l'identité française ? Une réflexion sur le nationalisme ne peut pas éluder de telles questions.**

Quand on est catholique, on aspire à tout vouloir et à tout faire pour la gloire de Dieu et de l'Église qui est Jésus répandu et communiqué, et pour son propre salut. Tout ce qui n'est pas explicitement et immédiatement référé à une telle fin a pour le fidèle bien intentionné un goût de paganisme haïssable. Si la fin ultime de l'homme est Dieu, tout ce qui n'est pas Dieu a pour l'homme raison de moyen, et l'homme n'aime pas un instrument pour le bien de l'instrument, il l'aime pour son propre bien vertueux. Or le bien commun politique, dans une perspective nationaliste, a raison de fin pour la personne ; donc, semble-t-il, le nationalisme est révoqué par la conscience catholique. Pie XII, au reste, a condamné le nationalisme dans son principe : « *Roma locuta est, causa finita est* », dira-t-on péremptoirement. Un catholique se croira en demeure de répudier le nationalisme, et tout autant l'idée même d'organicité politique définitionnelle tant du nationalisme que du fascisme. Il leur préférera d'une part l'idée de monarchie chrétienne, qui fait tenir le constitutif formel de la légitimité dans le sacre : le pape posséderait les deux glaives temporel et spirituel, et confierait le glaive temporel aux princes. Il leur préférera d'autre part l'idée de monarchie absolue qui, se refusant à faire du roi la conscience de soi de l'esprit de son peuple — parce que, pense-t-il, s'il devait assumer ce rôle, il ne pourrait plus se reconnaître tel le lieutenant du Christ —, répudie l'idée même d'organicité. Est organique ce qui est vivant ; est vivant ce qui a *dans lui-même* le principe de sa croissance, de sa constitution, de sa pérennité, ce qui constitue un tout ayant raison de principe de sa différenciation en parties organiques et de leur unification en lui, ainsi ce qui se fait procéder de ce dont il est à la fois l'origine et la fin. La monarchie est hiérarchique mais elle n'est pas organique puisqu'elle ne reconnaît d'autre principe à l'unité de la communauté politique que celui, *extrinsèque*, de l'Église. La communauté politique de la société monarchique n'est pas organique puisqu'elle ne reconnaît pas à l'État, qu'elle réduit au roi, la prérogative de présider à la différenciation de ses parties ; elle les trouve, comme familles nobiliaires déjà constituées par l'Histoire en laquelle elle croit discerner les décrets de la Providence. Le principe qui fait se différencier la cellule primitive pour constituer des organes *est* le principe qui fait se rassembler les organes pour constituer le corps vivant. Si le roi n'est pas, comme personnification temporelle et temporaire de l'État — qui dans cette perspective ne se réduit pas au roi ou à la dynastie —, au principe de la différenciation des parties du tout politique, ce même roi n'est pas non plus, en retour, au principe de l'unification de ces dernières en un tout doté d'un bien propre qui sera le bien commun de tous. Le concept de monarchie catholique traditionnelle est ainsi exclusif de ceux de bien commun et d'organicité ; hiérarchie et organicité sont pour lui deux concepts antinomiques. On continuera à parler de bien commun, mais on réduira ce dernier, sans le dire trop fort, à cet intérêt général définitionnel des sociétés démocratiques : somme des biens privés et ensemble des conditions de possibilité de leur coexistence ; mais on ajoutera, pour conjurer le spectre de la souveraineté populaire : ensemble des biens privés *vertueux*.

Le Politique, en ce contexte, est un appendice de la morale, et l'effet d'une délégation de pouvoir consentie par l'Église.

Au temps de la querelle qui fit s'opposer maints théologiens sur la question de l'héliocentrisme, certains d'entre eux au moins, fidèles à Aristote et à Ptolémée, tentèrent de justifier leur répugnance pour la thèse galiléenne en vertu du raisonnement suivant : la Terre doit être le centre de l'Univers parce qu'elle est le lieu des hommes, qui sont cause finale de l'Univers matériel ; faire du Soleil le centre de l'Univers, c'est en faire la raison de l'Univers qui se subordonne l'homme, c'est donc vouer un culte implicite au Soleil ; le monde ne doit pas avoir en lui-même le principe de son unité, à peine de le rendre indépendant de son Créateur.

Selon le même type de raisonnement, le catholique bien intentionné soutiendra que la société ne doit pas avoir en elle-même le principe de son unité et de sa hiérarchie, car cela reviendrait à la détacher de son origine divine qui est en même temps sa raison d'être extrinsèque ; on tomberait dans une déification de l'État. Si l'on pousse un tel catholique dans ses derniers retranchements, il en viendra du bout des lèvres à confesser que, pour lui, saint Augustin est préférable à saint Thomas d'Aquin : si l'homme n'avait pas péché, le pouvoir de l'homme sur l'homme n'aurait pas eu lieu d'être, et l'autorité politique a seulement une vocation morale, qui est de réprimer les tendances peccamineuses afin d'habiliter chacun à tendre vers le Ciel. Le Politique tout entier n'est qu'un châtiment ; à ce titre, ne répondant pas à une injonction naturelle qui serait la recherche positive d'un bien spécifique indépendamment de la condition peccamineuse de l'homme, l'autorité politique, fondement de la vie sociale, ne peut trouver son principe de légitimité ailleurs que dans l'ordre surnaturel ; d'où la théorie des deux glaives et celle du sacre comme critère de désignation du prince légitime.

Le problème est que le même catholique, sous l'injonction de ses chefs spirituels, est sommé de tenir saint Thomas d'Aquin pour le *Docteur commun*, lequel propose une conception du bien commun qui est, quant à elle, parfaitement organiciste. Dès lors, comment demeurer catholique quand on se dit et se veut monarchiste antifasciste et antinationaliste ?

§ 1.1 Les raisons de la rédaction de ce travail

Yvan Benedetti a honoré notre travail d'une préface dans laquelle il fait observer que le fameux *Doctrines du nationalisme* de Jacques Ploncard d'Assac fut pour lui un véritable livre de chevet.

Nous pensons qu'il en a été ainsi pour nous aussi, dans une mesure certes plus modeste, dans le temps lointain de notre adolescence.

Remarquablement bien informé, sobre, pédagogique, synthétique, cet ouvrage qui est un véritable classique présente l'avantage supplémentaire de ne pas se limiter à des considérations historiques. Il se propose aussi d'esquisser, pour chacun des auteurs qu'il présente, l'armature conceptuelle de la doctrine que chaque auteur — qui fut aussi et d'abord homme d'action — s'efforça à réaliser historiquement. Et c'est sous ce rapport que cet ouvrage fut pour nous le plus fécond.

La **première raison** qui nous invita à rédiger le travail que nous avons aujourd'hui l'honneur de présenter est le souci de rendre hommage à l'auteur et à l'œuvre dont notre travail n'est qu'un commentaire critique. Nous écrivons « critique », évidemment, au sens où il s'efforce à porter un jugement, non sur l'auteur de ce classique, mais sur les doctrines de ceux dont il parle.

C'était en quelque sorte pour nous (**deuxième raison**) le projet de définir conceptuellement, en dehors de toute référence historique ou nationale particulière, l'essence du nationalisme intègre en général, à toute distance du nationalitarisme d'une part, d'autre part de ce que nous nous sommes permis de nommer le nationalisme nominaliste, ou le subjectivisme investi dans le nationalisme.

§ 1.2 Selon la distinction précieuse de René Johannet (journaliste et essayiste français proche de l'Action française, XXᵉ siècle), proposée dans son *Principe des nationalités*, le nationalitarisme est le droit des peuples à disposer d'eux-mêmes ; c'est un principe révolutionnaire et individualiste ; le problème est que le mot « nationalisme » avait été forgé par Prévost-Paradol (journaliste et essayiste français du XIXᵉ siècle, fils de Léon Halévy) sous le Second Empire pour désigner les tenants du principe des nationalités, c'est-à-dire du nationalitarisme. **Il reste que le vrai nationalisme consiste dans la reconnaissance du devoir des peuples de rester eux-mêmes.** Et c'est Maurice Barrès qui, dans *Le Figaro* du 4 juillet 1892, donna au mot « nationalisme » son vrai sens ci-dessus rappelé, dans un article dont le titre dit l'essentiel : « La querelle des nationalistes et des cosmopolites ». Est tenu pour nationaliste celui qui est opposé au cosmopolitisme, et donc au mondialisme. Cela dit, selon une leçon éclairante d'Auguste Comte, une langue n'est pas seulement un moyen de communication, elle est quelque chose qui, comme s'il était lui-même une pensée, fait penser avant que d'être le véhicule de la pensée : les ambiguïtés d'une langue ne sont pas des défauts mais des invitations à procéder à des rapprochements conceptuels ; l'ambiguïté du mot « nationalisme » est ainsi riche d'une signification particulière, elle invite à la réflexion. Le nationalitarisme est l'antithèse du nationalisme, parce qu'il est libéral, c'est-à-dire, en dernier ressort, subjectiviste et individualiste. Mais il est aussi l'effet d'une réaction contre l'absolutisme monarchique, parce que ce dernier n'est pas organiciste : le tout ne se fait nullement vivre de la vie qu'il confère à ses parties ; le tout est le résultat d'une agglomération de parties rapprochées de manière contingente ou « providentielle » mais sans fondement naturel, subsumé par un prince destiné à les faire tenir ensemble de manière durable pour le plus grand bien ou le moindre mal de chacun, mais par un prince qui non seulement reçoit d'en haut sa propre autorité, mais encore exerce un imperium qui ne répondrait pas à une attente dans la volonté populaire. Le constitutif formel de l'unité de la communauté n'est pas une identité nationale, il est l'acte d'une allégeance au prince. La nation n'est alors que le résultat contingent des affaires familiales du prince et de la recherche, heureuse ou malheureuse, des intérêts de sa famille. De ce que le nationalisme s'oppose tant au principe dynastique unilatéral (refus du principe national) qu'au principe égalitaire et individualiste du libéralisme, il peut s'être préfiguré, y prenant conscience de lui-même, dans les revendications pratiques se prévalant du principe nationalitaire. Et c'est bien ce qui s'est produit, en Allemagne en particulier. Une vision étroitement généalogique des choses aura tôt fait de dénoncer dans le nationalisme un avatar spécieux de l'individualisme et du libéralisme, comme si la succession chronologique de l'engouement pour telle ou telle idée devait révéler des affinités conceptuelles entre ces idées. Et raisonner ainsi est aussi judicieux que de prétendre discerner des affinités inavouées entre l'aristotélisme, le marxisme et le bouddhisme, sous le prétexte que l'aristotélisme, comme conversion à leur identité concrète du mobilisme et du monisme de l'être, procède historiquement d'Héraclite et de Parménide. Les tenants de l'explication strictement généalogiste des idées tombent dans les mêmes travers quand ils s'efforcent à traquer, avec une acrimonie de limiers aveuglés par l'instinct de vengeance, les rencontres idéologiques et personnelles certes déconcertantes entre tel ou tel penseur de grande classe et telle ou telle officine subversive. Autant, à ce compte, dénoncer le caractère subversif de la philosophie de Louis de Bonald sous le prétexte qu'il fut influencé par Malebranche (dont les livres furent mis à l'Index par le Saint-Office) et par Condillac (sensualiste lockien, et matérialiste). Les erreurs contiennent des vérités captives inaperçues des dépositaires de la vérité déjà reconnue, et c'est souvent le télescopage de deux erreurs qui fait accéder à une compréhension de la vérité plus profonde que celle à laquelle on était parvenu avant d'être confronté à de telles erreurs.

§ 1.3 Ce que nous nous autorisons à nommer « nationalisme nominaliste » est cette forme d'historicisme — ainsi de relativisme — selon laquelle les valeurs nationales seraient incommensurables entre elles, ne vaudraient que pour la nation qui les élit et seulement pour le temps pendant lequel elle les adopte, au point qu'aucune nation ne pourrait se targuer de posséder des valeurs proprement universelles ; ces valeurs seraient relatives à une époque et à un peuple, et nul ne pourrait se prévaloir de valeurs vraies dans l'absolu, expressives des exigences intemporelles et universelles d'une nature humaine normative. Telle est au fond la vision de ce qui fut nommé la « Nouvelle Droite », laquelle récuse le concept — que nous revendiquons — de nature humaine. Est dit « de droite » tout esprit pour lequel la dignité de l'homme consiste dans son attachement à des principes auxquels il se fait un honneur de subordonner sa subjectivité qui ne s'en veut pas l'origine ; est « de droite » celui qui tient son bien le meilleur pour un bien qu'il aime en tant qu'il lui est rapporté, en tant qu'il le sert, et non pour un bien qu'il rapporterait à lui-même et qui serait à son service ; est « de droite » l'homme qui sait ne pas faire de lui-même le centre de sa propre vie, et qui a compris que la meilleure façon d'être pleinement soi-même consiste à se consacrer à plus que soi-même. Est donc « de gauche » toute vision du monde qui fait de la subjectivité le fondement des valeurs, le créateur des valeurs, la finalité de toute chose. Il est aisé, au passage, de reconnaître, à la lumière de ce qui vient d'être suggéré, une vision du monde « de gauche » dans tout ce qui appartient, fût-ce à son extrême-droite, à l'éventail du monde parlementaire. Si la subjectivité n'est pas la raison d'être de l'homme, le fondement de ses valeurs et sa finalité dernière, c'est que l'essence de l'homme n'est pas sa subjectivité, car l'essence d'une chose est précisément, par définition, ce que cette chose a vocation à être, ce qu'elle est en droit et non en fait, ce à la conformité de quoi elle doit se plier afin d'être pleinement elle-même, ce qui est sa raison d'être, son origine et sa fin. Mais si l'essence de l'homme n'est pas sa subjectivité, laquelle est toujours singulière (la moïté d'un homme ne peut être exercée que par lui : personne ne peut exercer à ma place l'acte d'être ce moi que je suis), c'est que cette essence est dotée d'universalité, en sorte qu'elle fait se rassembler les hommes selon les exigences d'une vie communautaire : l'identité de l'individu est mieux réalisée dans la communauté que dans l'individu lui-même. Dès lors, si l'on se veut « de droite », fût-ce de « nouvelle » droite, cependant qu'on récuse le concept de nature humaine, on sera logiquement conduit à adopter la position suivante : l'identité de l'homme sera dans son peuple entendu non comme une communauté dotée d'une manière d'*être* homme, mais comme une manière identitaire de *devenir* ce que l'on choisira d'être. L'identité d'une communauté politique consistera dans sa manière d'évoluer, dans sa fidélité à sa manière de changer, dans son attachement à un certain style toujours identique à lui-même dans la variété indéfinie de ses comportements. Elle ne consistera pas dans un idéal statique qui serait principe et terme de son évolution historique. Ce qui au fond autorise un tel homme à devenir à peu près n'importe quoi, pourvu que l'exigence esthétique de fidélité à son style soit préservée. Cela même l'autorise à être « de gauche », pour autant qu'il soit fidèle à sa manière supposée « droitière » de le devenir. La grande coquetterie des adeptes de ce point de vue sera même, afin de se désolidariser de la supposée archaïque, moribonde et mortifère droite classique, d'embrasser à peu près tous les poncifs et toutes les dilections de la gauche, tout en se déclarant fidèle à soi-même en tant que fidèle à sa manière de le vivre.

§ 1.4 Mais le nationalisme nominaliste est contradictoire, en tant même qu'il est nominaliste. Le nominaliste use de concepts par définition universels pour proclamer que l'universel n'a aucune valeur en tant qu'il ne serait qu'un « *flatus vocis* » destiné à désigner des réalités ineffables qui se ressemblent en surface. En jugeant que tout existant est un singulier incommensurable aux autres, sans nature commune, il use du concept de « singulier » qui est, précisément, un universel : *tout* existant est singulier. Si, à l'universalité des mots qui signifient les choses, ne correspond rien de réel dans les choses qu'ils signifient, alors, à la singularité qu'on prédique de ces choses ne correspond rien de réel dans ces choses, au point que leur diversité supposée irréductible se résout dans la nuit de l'indifférencié dont on ne peut rien dire, ce qui fait dégénérer le langage en un jeu futile de l'esprit avec lui-même, à distance du réel. Le nominalisme qui accuse de verbalisme toute prise au sérieux des vertus universalisantes du langage, c'est-à-dire toute portée ontologique de l'universalité logique des mots, bascule dialectiquement en verbalisme radical et fait l'aveu de son inanité. Par ailleurs, ce nationalisme relativiste confesse son caractère contradictoire sous deux autres rapports. D'une part, il est victime de la contradiction de tout relativisme : si la valeur de tous les jugements est limitée à la culture *particulière* en laquelle ils se formulent, alors l'idée selon laquelle la portée des jugements est relative à une culture et ne vaut que pour elle, est elle-même une idée relative à la culture en laquelle elle voit le jour ; en l'occurrence, elle n'exprime, par la voix de Claude Lévi-Strauss, que la conscience de soi de la société occidentale décadente, doutant d'elle-même et affligée de mauvaise conscience masochiste. D'autre part, si, en tant que nationaliste, le relativiste, qui est un volontariste (la raison, qui est universelle, est à ce titre même grevée d'impuissance, et la puissance est du côté de la volonté), plébiscite l'enracinement mais, en tant que relativiste, limite l'identité politico-culturelle à laquelle il se veut fidèle à sa manière de la faire évoluer, alors il ne devient jamais, en son évolution, que ce qu'il *décide* de devenir, au point que les valeurs constitutives de sa vision du monde sont non seulement principes de choix (on juge bon ce qui est conforme aux valeurs auxquelles on se réfère), mais encore objets de choix (on choisit le système de valeurs lui-même). Et c'est là quelque chose de contradictoire encore : choisir suppose juger, juger suppose une comparaison, comparer suppose un principe de comparaison ; si ce dernier principe est lui-même objet de choix, on doit en appeler à un autre principe de choix, et l'on est renvoyé à l'infini, lequel, par définition, exclut d'être parcouru. Si les principes de choix sont objets de choix, on est condamné soit à renoncer à tout choix, soit à choisir dans l'obscurité, dans la forme d'un acte gratuit qui, à ce titre même, perd toute valeur. Cela dit, si les valeurs constitutives d'une culture ne sont pas choisies mais reconnues parce que découvertes, elles sont l'expression de ce que la réalité a vocation à être, et n'a vocation à l'être que parce qu'elle l'est dans son essence à laquelle, mais en retournant tendanciellement au néant, elle peut se soustraire. En d'autres termes, si les valeurs d'une culture ne sont pas objets de choix, c'est qu'il existe une nature humaine.

À toute distance du relativisme, le vrai nationaliste, loin d'idolâtrer la nation dont il est membre, reconnaît l'inégale aptitude des nations à se faire chacune le porte-parole de valeurs universelles. Au reste, c'est parce qu'il existe un idéal absolument universel à l'aune duquel les cultures nationales peuvent être référées et comparées, que ces dernières peuvent être comparées et hiérarchisées entre elles. Le vrai nationaliste admet que d'autres nations que la sienne puissent lui être supérieures au moins sous certains rapports, et qu'il peut gagner en humanité en se mettant à leur école. Il admet aussi que ses ancêtres aient pu, sur tel ou tel point, avoir tort, avoir mal pensé et mal agi ; le vrai nationaliste ne conçoit pas son devoir de fidélité à son héritage national sur le mode d'une justification de tout ce que peut contenir sa mémoire nationale. Au reste, obéir est encore un acte, une décision, et il n'est pas de décision sans jugement préalable, lequel est comparaison, ainsi attitude critique. Une obéissance aveugle est un concept contradictoire, un faux concept. Obéir au devoir de piété filiale à l'égard de l'héritage politique, c'est déjà se faire un devoir de l'accueillir avec discernement.

§ 1.5 Que chaque nation soit habitée par le souci d'incarner au mieux, en sa particularité, l'universalité des valeurs de civilisation expressives des exigences de la nature humaine, est une invitation qui lui est faite de se mesurer aux autres dans un rapport polémique incontestable, aussi longtemps que sa place dans la hiérarchie des nations, quant à tel ou tel domaine de la culture, n'est pas reconnue. Mais d'abord cette relation polémique, naturelle, ne prend pas nécessairement la forme d'un conflit sanglant ; elle peut ressortir à la confrontation loyale, selon une compétition qui n'exclut ni le respect mutuel ni même l'amitié, comme il en est dans l'exercice des prouesses sportives ; ces conflits non sanglants peuvent entretenir l'estime réciproque, voire dégager des complémentarités fécondes. Et quand bien même une telle relation nativement polémique entre nations serait porteuse du risque de guerre, mieux vaut le danger assumé d'un conflit belliqueux que nourrit l'aspiration à la grandeur morale et à la richesse culturelle qu'un collapsus des énergies nationales au profit d'une paix qui équivaudrait, spirituellement, à la mort. Autre chose est la vraie paix qui dépasse en l'assumant le risque de la guerre, autre chose est la fausse paix qui ne conjure la guerre qu'en exténuant l'humanité dans l'homme. On notera au passage que faire la guerre à la guerre en supprimant les identités nationales revient, logiquement et historiquement, à transposer l'instinct naturellement belliqueux de l'homme dans l'élément des relations économiques, en suscitant un individualisme libéral déchaîné porteur de la pire servitude qui soit, celle du consumérisme et de l'esprit marchand. L'homme n'est humain qu'à proportion de son aptitude à se dépasser, sous l'injonction de sa nature dont il n'est qu'une concrétisation particulière, et en direction de sa nature dont les œuvres culturelles sont autant d'expressions réfléchies. Sa tendance à se mesurer aux autres hommes, aussi longtemps qu'il la vit selon les injonctions de sa nature spirituelle en attente de son extériorisation culturelle, ainsi aussi longtemps qu'il ne rapporte pas à sa pure subjectivité orgueilleuse le souci de victoire, est un puissant principe de progrès. Exténuer cette tendance sous le prétexte qu'elle pourrait devenir peccamineuse relève du surnaturalisme, cette maladie du christianisme qui ne conçoit la réception de la vie surnaturelle que sur le mode d'une frustration des énergies naturelles. La nature humaine est faillible par condition structurelle, et elle l'est d'autant plus qu'elle est, pour le chrétien, blessée depuis Adam. Le surnaturaliste, par effroi pusillanime à l'égard du risque, préfère ne pas exister, ou exister d'une existence mise entre parenthèses, plutôt que d'exister en prenant le risque de pécher.

§ 1.6 Consacrer un livre aux doctrines du nationalisme, c'était aussi (**troisième raison**) l'occasion de montrer ce que le nationalisme a de spécifique, d'irréductible au patriotisme en général, voire à la piété à l'égard de la nation ; le nationalisme dit plus que cela, comme nous le verrons.

Consacrer un livre aux doctrines du nationalisme, c'était enfin (**quatrième raison**) l'occasion de mettre en évidence le fait **qu'il n'est pas de bien commun véritable sans référence à cette acception nationaliste de la nation**. C'est déjà en direction de ce sens peut-être que, contre la doctrine légitimiste (l'unité de la multitude serait l'allégeance à une dynastie, de sorte que les Chouans, après l'assassinat de Louis XVI, pensaient qu'ils n'avaient plus de patrie), Louis XIV pouvait affirmer : « Je suis français avant que d'être roi. » Dans la même optique Colbert avait pour devise : « *pro rege saepe, pro patria semper* ». Bossuet, le 8 juin 1671, dans son *Discours de réception à l'Académie française*, observait qu'il convenait de former la langue française « pour la gloire de la *nation* ». C'est là un culte national, en d'autres termes : on va vers le nationalisme, mais ce n'est pas encore du nationalisme. Cela dit, il sera établi dans le présent travail que le concept de nation n'est que *par accident* issu de la Révolution française. Il était dans la logique de la monarchie d'en accoucher et, pour ne l'avoir pas fait, ce sont les révolutionnaires qui l'ont fait, mais en l'adultérant.

Mais si ce qui précède est exact, si donc le bien commun suppose le nationalisme, il est clair que la seule façon rationnelle d'être antimondialiste, c'est d'être nationaliste. Les restaurations dynastiques sont sympathiques, mais, sans la doctrine nationaliste, elles risquent, par leur incomplétude, de réenclencher un processus qui s'est déjà consommé dans l'effroyable Révolution dite française. Les historiens contemporains rapportent en effet que Louis XVIII, réaliste, décidé à « tout oublier » pour apaiser les haines en France, avait conçu le projet de « nationaliser la royauté et de royaliser la nation ». C'était là un projet éminemment honorable et souhaitable, mais, pour être fécond et complètement cohérent, encore aurait-il fallu qu'il se référât à la nation des nationalistes, et non à celle des Jacobins, laquelle, comme on le verra plus bas (§ 6.7), est en fait une avancée vers le mondialisme.

Au fond, notre propos a été ici **d'établir (synthèse des quatre raisons ci-dessus évoquées) les raisons pour lesquelles**

la nation en général est une catégorie de philosophie politique non contingente, au regard des exigences principielles d'une philosophie du bien commun, la seule qui soit pour nous acceptable. Les raisons de cette dernière assertion seront exposées dans le cours de ce travail.

§ 1.7 Il faut commencer par le commencement ; le commencement, ici, c'est la dissipation de certains préjugés, de ce qui cause des blocages dans la compréhension des doctrines politiques. Il sera question de matière et de forme, de puissance et d'acte, de vie et d'organicité, de diffusibilité du Bien, de substance et d'accidents, et ces notions ne sont pas volontiers acceptées aujourd'hui. On croit trop encore aujourd'hui, et même dans les milieux nationalistes, que ces concepts sont solidaires d'une vision du monde dépassée, celle de l'âge médiéval et de ses catégories scolastiques supposées avoir été rendues obsolètes par l'avènement de la science moderne. On croit trop souvent aussi que la politique est une chose, que la philosophie en est une autre, et que l'on pourrait penser politiquement en se dispensant d'être métaphysicien. C'est là évidemment méconnaître que toute doctrine politique est une philosophie en action, et qu'un héritage national n'a de valeur que par la portée philosophique de la vision du monde dont il se veut le vecteur historique. Il convient de définir les notions ci-dessus évoquées, et de justifier leur usage, en montrant qu'elles ont une valeur intemporelle et que, loin de les répudier, la science expérimentale — ainsi la science contemporaine — les appelle pour rendre ses résultats intelligibles à ses propres yeux. Une telle mise au point peut paraître quelque peu incongrue dans un exposé consacré à l'examen d'une doctrine politique, mais elle est la condition d'accès à sa compréhension.

§ 2.1 On ne peut faire l'économie du vocabulaire de la philosophie.

Il existe des lois positives qui sont l'œuvre des hommes, qui n'ont de légitimité qu'à proportion de leur aptitude à expliciter l'ordre naturel, lequel est intangible parce qu'il est divin en tant même que naturel. Il existe des *lois* physiques dont l'office est de dégager les rapports qui régissent la succession des phénomènes naturels. Prises en ce sens, elles répondent à la question « comment ? ». « *Hypotheses non fingo* », disait volontiers Newton : ses lois de la gravitation ne prétendaient pas définir l'essence de la pesanteur, en ce sens qu'elles renseignent sur la manière dont les phénomènes se succèdent — ce qui permet de les prévoir et, par ces prévisions, de dominer la Nature —, mais ne nous renseignent aucunement sur le « pourquoi » du surgissement de ces phénomènes ; « $\Delta x = \frac{1}{2} gt^2$ » définit les modalités de la chute d'un corps, le « comment » de leur chute, mais ne dit aucunement *pourquoi* il tombe. Cela dit, l'ordre désigne la disposition des choses en vue d'une *fin* : l'ordre de rangement des assiettes dans un placard n'est pas l'ordre de leur disposition sur la table, parce que le but poursuivi par un tel ordonnancement n'est pas le même. Et l'essence ou nature d'une chose se définit par sa fin. Ce qui fait qu'un couteau est couteau, c'est qu'il sert à couper manuellement la viande (ou tout autre corps organique), ce n'est pas d'abord du fait qu'il est constitué d'un manche et d'une lame ; c'est précisément parce qu'il sert à couper qu'il est doté de manche et de lame. Aussi, s'il existe des lois naturelles, c'est qu'il existe des natures des choses, lesquelles sont autant de similitudes lointaines des Idées divines créatrices des choses. On ne saurait violer les lois naturelles sans offenser l'Auteur de la nature. Il reste que tant les choses naturelles que les comportements humains peuvent se soustraire aux lois naturelles. Il y a de la contingence dans la réalité créée ; la matière, qui dit l'être en puissance, est précisément ce principe de contingence intrinsèque au réel mondain, qui rend possibles les phénomènes de tératologie et qui fait que les choses sont mortelles ; et la liberté humaine, qui fait la dignité de l'homme, sa responsabilité, est aussi porteuse du risque du mal moral et de la damnation.

§ 2.2 La question du « pourquoi » se rapporte à la question des *causes* : est cause ce à quoi on peut imputer une responsabilité. La cause n'est pas la loi qui se contente d'exprimer un rapport constant entre phénomènes, sans s'interroger sur l'essence de ce dont il y a phénomène, et qui est la vraie cause de la succession des phénomènes. Et la cause intrinsèque première du réel mondain est son essence ; si telle chose se comporte comme ceci plutôt que comme cela, c'est d'abord en vertu de sa nature. Les scientifiques contemporains savent, par-delà les vulgarisations pédagogiques, que l'atomisme est une hypothèse, extrêmement féconde certes, mais seulement une hypothèse et, au vrai, une manière de parler de la matière afin de prévoir son comportement. Mais même si l'hypothèse est méthodologiquement précieuse et se trouve correspondre à la réalité, on ne saurait réduire l'essence d'une chose à la disposition de ses particules. Toute particule (électron, proton, neutron, quark…) a des comportements spécifiques qui révèlent des tendances, des affinités avec tel autre corps ou telle autre entité matérielle ; et une tendance dépend de la nature de ce qu'elle habite : les chiens ont des tendances de chien, les fleurs des tendances de fleur. Si l'essence du réel se réduit à la disposition de ses particules, on est alors sommé, pour expliquer ses comportements, de chercher sa nature, laquelle renverra, dans la perspective d'une philosophie mécaniste et matérialiste, à des sous-particules ; mais le même problème se posera à propos de ces sous-particules, et l'on sera renvoyé à l'infini. Or cela même est impossible : on sait aujourd'hui que la réalité est discontinue. Comme le rappelle Albert Jacquard dans un ouvrage de vulgarisation bien utile (*La Science à l'usage des non-scientifiques*, Calmann-Lévy, 2001) en dépit des considérations à prétention philosophique pour le moins malheureuses dont il croit bon d'agrémenter son propos, on sait aujourd'hui qu'aucune longueur plus petite que $1,6 \times 10^{-33}$ cm ne peut avoir d'existence ; il en est de même pour un objet d'une masse inférieure à $2,2 \times 10^{-5}$ gramme, et pour une durée inférieure à 5×10^{-45} seconde. Et ces limites ne sont pas attribuables à la finitude, au manque de performances de nos instruments de mesure, mais à la structure même de la réalité. Si donc ne peuvent exister, d'une existence actuelle, que des objets dotés d'une certaine quantité minimale, c'est qu'il est impossible de remonter à l'infini dans la recherche de sous-particules. Force est donc de confesser qu'au-delà de la réalité dotée d'existence actuelle existe une réalité potentielle, qui n'est autre que la matière dont l'essence est de n'avoir pas d'essence : la matière est de l'être en puissance, elle est de la puissance à être *un* être, elle n'est pas un *être*, puisque être un *être*, c'est être *un* être, comme l'enseignait Leibniz ; et c'est pourquoi il est vain de tenter de la décrire selon les exigences qui conviennent aux réalités en acte, à peine de tomber dans des contradictions, dont celle en laquelle tombe le physicien contraint de décrire la réalité en termes convertibles de particules et de longueurs d'onde, comme si l'étoffe du réel devait être à la fois *un* être et une *manière d'être* un être. C'est en effet que la matière ou l'être en puissance est fondamentalement contradictoire, puisque les contraires et les contradictoires s'identifient dans l'être en puissance. Celui qui est au centre d'un carrefour est en puissance à droite et en puissance à gauche ; il ne saurait être actuellement à droite et à gauche en même temps et sous le même rapport, mais la droite et la gauche s'identifient dans l'être en puissance. Allons plus loin : le mode d'être du contradictoire, ainsi de ce qui n'est ni ne peut être en acte, c'est précisément l'être en puissance, le pur « pouvoir-être » de ce qui est. Telle masse de glaise est en puissance service à thé et statue, ces deux choses qui s'excluent dans l'être en acte s'identifient dans l'être en puissance. Et ce que l'on nomme « matière » — non pas telle ou telle matière déterminée (du fer ou du zinc), laquelle est puissance à devenir broc ou tuyau, mais la matière absolument indéterminée (ce qui peut devenir zinc ou fer), laquelle n'est jamais donnée à l'état pur dans la réalité — est le sujet voué à recevoir ce avec quoi elle compose pour former un être réel. Et ce avec quoi elle compose est nommé « forme », non pas forme accidentelle (la simple configuration, le sens courant du mot « forme ») mais l'essence ou nature d'une chose : le nouveau-né est le même individu que le vieillard, mais ils n'ont pas même configuration, ils ont pourtant même essence spécifique (la nature humaine) et même forme individuelle. On nomme « substance » ce qui existe en soi, à la différence des accidents, qui existent non en soi mais en un autre : Pierre est substance, ses caractères descriptibles (taille, poids, etc.) sont ses accidents, qui existent dans et par la substance, qui l'actualisent et l'explicitent, et tout autant la révèlent. Si le bois peut devenir cendre, c'est parce qu'il était cendre en puissance avant que de devenir cendre en acte. Ce bois-ci est donc la composition d'une forme (l'essence du bois) et d'une matière (un pouvoir-être bois, qui est tout autant pouvoir-être cendre), de sorte que la matière est sujet des formes qui se succèdent en elle. L'assemblage des particules explique au mieux le « comment », ou les conditions de genèse d'un être nouveau (telle la genèse de l'eau à partir de l'oxygène et de l'hydrogène), mais le « pourquoi » de cette genèse est à chercher du côté de l'information, par la forme de l'eau, de cette matière mêlant hydrogène et oxygène ; la disposition des particules explique les conditions d'advenue d'une forme nouvelle, laquelle ne se réduit pas à cette disposition. La forme est un principe métaphysique d'explication, en ce sens qu'elle est inaccessible à l'investigation du physicien expérimentaliste, qui en vient à croire qu'elle n'existerait pas sous le prétexte qu'elle échappe à l'inquisition de son microscope ; autant déclarer que l'âme humaine n'existe pas sous le prétexte qu'elle ne tombe pas sous le coup du scalpel de l'histologiste ; et cette affirmation est aussi intelligente que celle consistant à déclarer, quand on est aveugle, que les couleurs n'existent pas sous le prétexte que l'ouïe, dont on jouit encore, ne les perçoit pas. Mais les contradictions auxquelles s'achoppe la science contemporaine invitent à passer d'un mode mécaniste d'explication du réel à un mode métaphysique ou philosophique d'explication de ce dernier, qui déjoue les contradictions en établissant qu'il est rationnel qu'il y ait de l'irrationnel, et que tout être particulier est grevé d'une dimension de non-être réel l'habilitant à être sans être tous les êtres. Tout être matériel ou sensible, habilité à devenir ce qu'il n'est pas encore, est composé de deux principes d'être qui ne sont *un* être que dans leur union : la matière qui est puissance à recevoir la forme, et la forme qui actualise la matière ; tout être mondain est composé d'un « de quoi être » et d'un « ce par quoi » il est cet être. Le non-être réel, le non-être qui est, c'est l'être en puissance qui consiste dans une décompression réelle de réalité, suspendue à la réalité qu'elle conteste de l'intérieur. Si un cadavre devient pissenlit, c'est parce qu'il est matériel : un cercle idéal ne devient jamais un carré ; il ne devient un carré que s'il est matériel ; aussi la matière est-elle, dans un être, le déterminant à raison duquel il lui est donné de devenir autre que ce qu'il est ; la matière est dans un être cette instance à raison de laquelle il n'est pas absolument lui-même, puisqu'il contient en ses flancs le pouvoir d'être renié et converti en autre chose que ce qu'il est ; la matière est ce qui assume la fonction du « pouvoir être » ce qu'il est, mais tout autant du « pouvoir-n'être-pas » ce qu'il est. Elle est le principe à raison duquel il *est*, dans la mesure où il n'appartient pas à sa forme de subsister autrement qu'incarnée ; si elle pouvait subsister par soi séparée de la matière, elle serait une substance spirituelle, parce que la matière est ce qui empêche une chose de se réfléchir, de s'atteindre par réflexion, comme on le voit dans le cas d'un être pensant qui peut penser qu'il pense, au lieu que l'acte d'entendre n'est pas audible ; mais la matière est tout autant, comme pouvoir devenir autre que ce qu'est la chose matérielle, l'annonce en elle de sa suppression, un « pouvoir-n'être-pas » ce qu'elle est. La matière ne rend la chose réelle qu'à proportion de son aptitude à la contester. En tant qu'elle la rend réelle, elle lui est intrinsèque ; en tant qu'elle conteste ce à quoi elle est intrinsèque, elle est suspendue à ce qu'elle conteste ; en tant que suspendue à ce qu'elle conteste, elle lui emprunte la vertu de le contester. Autant reconnaître qu'elle est ce en quoi *se* conteste la forme, qui par là s'affirme dans sa négation. Elle s'affirme dans sa négation si et seulement si le ce en quoi elle se conteste dispose en retour du pouvoir de l'affirmer en se contestant lui-même. Ainsi a-t-elle en droit la structure d'une négation de négation : elle est réflexion. Si cette réflexion était achevée ou complète, la forme serait esprit. La matière se révèle en dernier ressort telle cette instance à raison de laquelle il est interdit à une forme de se poser comme réalité spirituelle. La matière n'est pas ce qui manque à l'idée pour être un être réel, elle est ce qui manque à l'être réel pour être cet être pleinement être que serait l'idée.

§ 2.3 La matière trouve son bien dans la forme qui l'actualise mais, reconnaissant son bien dans ce qui la libère de sa contradiction lui enjoignant de se repousser de soi, reconnaissant donc son bien dans ce qui la libère d'elle-même, la matière est telle que ce qui la parfait est aussi ce qui la conteste. Ce qui parfait une chose est ce qui la fait advenir à elle-même ; ce qui fait advenir une chose en la contestant, c'est ce qui la conserve en la niant, telle la fleur qui conserve le bourgeon se reniant en elle. L'advenue d'une forme est exténuation *et* conservation de la matière dont une telle forme est éduite. Mais si le papillon conserve la chrysalide en la niant, il fait mémoire en tant que papillon de ce dont il procède : il conserve ce qu'il nie sur le mode de l'être en puissance, il intériorise ce dont il procède en le convertissant en puissance à réengendrer ce qu'il a supprimé pour se mettre à exister ; et c'est bien ce qui se produit dans le cas du papillon qui conserve, sur le mode de puissance à engendrer des chrysalides, la chrysalide dont il est la sublimation ; le devenir-papillon de la chrysalide est l'intériorisation de ce dont il procède. Mais cette puissance intestine au papillon est définitionnelle de sa substance, il ne serait pas ce papillon s'il n'était doué du pouvoir d'engendrer des chrysalides : la mémoire de l'état de la matière dont il procède lui est intrinsèque et définitionnelle de sa singularité. Ce qui revient à dire que le principe d'individuation de la forme est la matière, cette matière-ci, cette matière déjà organisée pour s'habiliter à être le « de quoi être » de ce qui sera. Dans le même ordre d'idée, l'eau ne conserve pas les atomes d'oxygène et d'hydrogène en elle, sinon en puissance : si l'on pouvait couper une molécule d'eau en tout petits morceaux, on ne trouverait pas ses composants chimiques en acte.

Un tout doté d'une unité propre, un tout dont l'unité excède celle, accidentelle, d'un agrégat, excède toujours la somme des parties dont il est la totalisation.

§ 2.4 Albert Jacquard fait observer dans son ouvrage déjà cité qu'il en est de l'univers comme du catalogue de tous les catalogues qui ne se contiennent pas eux-mêmes. Ce qui appelle une explication.

Un bibliothécaire peut se proposer de ranger les livres dont il a la charge selon la matière dont ils traitent. On aura des rangées d'ouvrages de philosophie, d'autres d'art, d'autres de théologie, ou de géographie ou de mathématiques, etc. Ce même bibliothécaire peut rédiger un catalogue contenant tous les ouvrages de chaque matière. Il peut ensuite envisager d'élaborer le catalogue de tous les catalogues. Il lui est encore loisible de distinguer entre le catalogue de tous les catalogues qui se nomment eux-mêmes, et le catalogue de tous les catalogues qui ne se nomment pas eux-mêmes. Mais en ayant souci d'établir ce dernier, il est confronté à une aporie, bien connue des logiciens. Si ce catalogue de tous les catalogues qui ne se nomment pas eux-mêmes se nomme, il s'exclut, *ipso facto*, des catalogues qui ne se nomment pas ; mais s'il ne se nomme pas, il n'est plus le catalogue de *tous* les catalogues qui ne se nomment pas. Force est d'avouer qu'un tel catalogue est impossible, ne peut exister. Jacquard a le mérite de rapprocher cette aporie logique de la notion d'Univers (physique).

Avec tous ses soleils et toutes ses galaxies, l'Univers est *fini* ; on sait même qu'il contient moins de 10^{80} particules. Étant fini, on est tenté, presque invinciblement, de le représenter tel un tout qui contient des parties. Et il ne s'agira pas d'un tout parmi d'autres, autrement ce serait un univers au sein d'un univers plus grand, et non le tout de l'univers, l'univers du tout, l'univers comme tout, ainsi l'Univers. S'il s'agit bien de l'Univers, il s'agit *du* Tout, le tout de ce qui constitue l'univers physique. Un tel Univers n'a donc pas d'extérieur. À ce titre, il contient tout. Cela dit, un tout contient ses parties, mais il ne se contient pas lui-même ; il est incapable de se contenir lui-même au titre de partie de lui-même, ou d'être pour lui-même en tant que contenant son propre contenu : l'amphore, dit Aristote (*Physiques*, IV, 3), contient bien du vin, mais elle est impuissante à faire d'elle-même le contenu du contenant qu'elle est. Et cela est imputable à sa matérialité, corrélative de sa spatialité ; ce qui est matériel est tel que son extérieur immédiat répugne à être à l'intérieur de lui-même. L'Univers est donc ce qui, en tant qu'il est *le* Tout, contient tout, cependant qu'il ne se contient pas. S'il ne se contient pas, il n'est pas intérieur à lui-même, ce qui revient à dire qu'il est extérieur à soi, en état de non-coïncidence avec soi. Et il en est ainsi pour lui à raison de sa matérialité. On voudra bien observer que ce qui est extérieur à soi est contradictoire (il ne coïncide pas avec soi), et c'est au reste pourquoi il répugne à être représenté en termes d'objet d'une connaissance sensible : il est aussi impossible de se représenter l'Univers tel le Tout que d'élaborer le catalogue de tous les catalogues qui ne se nomment pas eux-mêmes ; mais cela n'empêche pas l'Univers, au rebours d'une idée absurde (un cercle carré, un catalogue de tous les catalogues qui ne se nomment pas), d'être possible, puisqu'il est réel. Qu'en conclure ? Ceci tout d'abord : la matérialité de l'Univers est cette instance, en lui, à raison de laquelle il exclut, au rebours de tous les éléments de son contenu, d'être appréhendé en termes de réalité spatio-temporelle ; au reste, l'espace et le temps ne sont pas un contenant de l'Univers, ils sont contenus en lui. L'Univers crée son espace et son temps par son extension permanente. C'est ce que met en évidence la théorie de la Relativité, qui se substitue à celle de Newton, dont les vrais auteurs sont Henri Poincaré et Mileva Marić (épouse malheureuse d'Albert Einstein). Mais ce qui ne coïncide pas avec soi s'échappe de soi ; c'est donc ce qui se trouve être en état paradoxalement natif de décomposition ; c'est ainsi ce qui, se fuyant, tend vers le néant, à tout le moins est habité par une dimension de non-être. Mais c'est tout autant parce qu'il est spatio-temporel qu'un tel Univers est matériel. Il en résulte que la matérialité est cette instance, dans le réel, à raison de laquelle il est réellement en conflit constitutif avec lui-même, cependant qu'il n'est réel qu'à raison de ce conflit. Force est d'en conclure qu'il a la structure d'une victoire opérée sur un conflit avec soi qu'il assume. La réalité est réelle à raison de son pouvoir de se faire victorieuse d'une instance d'irréalité qu'elle assume. Mais il existe des degrés dans la victoire. Ce qui se révèle être réel sans cesser d'être matériel, c'est ce qui précisément se révèle impuissant à surmonter la dimension de néant en lequel il se risque et qui demeure en lui. Un catalogue de tous les catalogues qui ne se nomment pas eux-mêmes, c'est comme l'Univers de tous les univers qui ne se contiennent pas, ainsi l'Univers de tous les univers qui sont matériels. Et de même que ce singulier catalogue exclut d'être réel aussi longtemps qu'il n'est que catalogue *physique*, ou matériel, de même l'Univers de tous les univers qui ne se contiennent pas est impuissant à être un Univers matériel aussi longtemps qu'il est seulement matériel. Qu'est-ce à dire, sinon qu'il est habité, pour être, par une dimension de réalité qui est immatérielle ? Telles sont les formes intelligibles dont Aristote enseignait que le monde en est pétri.

Un catalogue de tous les catalogues qui ne se nomment pas eux-mêmes serait possible s'il était capable de se nommer tout en ne se nommant pas, ainsi de se contenir tout en s'excluant, ce qui supposerait qu'il fût un acte d'intellection, une identité d'intérieur et d'extérieur, mais à ce titre il ne serait pas matériel.

§ 3.1 La matière et l'esprit

Est esprit ce qui peut dire « moi », ce qui *est* un moi, car seul un moi peut dire « moi ». Être un moi, c'est être un être doté du pouvoir de s'objectiver, ainsi de se contenir, puisqu'il se fait autre que lui-même pour lui-même et dans lui-même : il est l'acte de s'extérioriser à l'intérieur de lui-même, il est identité concrète de l'intérieur et de l'extérieur. Et tout savoir de quelque chose est corrélativement un savoir de soi, car savoir est savoir qu'on sait. Si l'Univers est *le* Tout, il n'a pas d'extérieur, et à ce titre il contient tout, y compris lui-même. Pourtant il est matériel. Dès lors, il a la structure d'un esprit s'objectivant, mais d'un esprit qui se réduirait à être une tendance à se faire esprit ; il est une réalité idéelle impuissante à se réfléchir complètement. L'esprit créé peut se réfléchir, et c'est en tant qu'il se réfléchit, revient sur soi, qu'il est un moi ; mais il n'est pas la raison suffisante de sa réflexion : l'acte de savoir qu'on existe n'est pas l'acte de se faire exister ; la conscience d'exister n'est pas positionnelle de l'existence de la conscience. Et ce qui est matériel, effet d'une carence de puissance réflexive, non seulement n'est pas divin ou raison suffisante de soi-même, mais encore n'est pas esprit. L'Univers matériel est le fait d'un acte d'intellection qui se serait défait, en état congénital de dégradation. Mais sous ce rapport ce n'est pas la matière qui explique l'esprit, c'est l'esprit qui explique la matière en tant qu'il s'afflige, en elle, d'une impuissance à ré-intérioriser par réflexion ce en quoi il s'est extériorisé ou aliéné. L'Univers est en extension permanente, il se fuit et ainsi se défait sans cesse, dans un processus qui ne cesse d'augmenter son taux d'entropie ; en remontant le temps par la pensée, on est ainsi fondé à considérer que l'Univers entier, avec toute sa masse et toute la spatio-temporalité en laquelle il se déploie, s'est anticipé dans un point — non spatial et non temporel — d'une densité prodigieuse, à l'origine de l'espace et du temps, que les savants nomment « Big Bang ». On dispose d'informations concernant les premières secondes de l'Univers, il y a 13,5 milliards d'années. Chose étonnante, il n'est nullement gravide, en son état primitif, d'une information maximale que son extension lui ferait perdre. Force est bien d'en induire que s'exerce, à l'intérieur du processus de l'extension universelle, un mouvement inverse de néguentropie ou accroissement d'information, mais régional et inachevé, et telle est la genèse des êtres plus complexes que ceux qui existaient au début des temps. L'extension de l'Univers exprime le moment de négation de soi de ce qui est ; la néguentropie régionale révèle une négation de négation, une réconciliation inchoative avec soi de ce qui se fuit ; tout ce qui est a la forme d'une réflexion, n'est que par cette réflexion, selon une infinité de degrés de vitalité de la réflexion, qui déterminent les degrés de perfections des êtres que pose cette réflexion. La science expérimentale, même moderne, en tant qu'elle est expérimentale, est méthodologiquement matérialiste : il n'existe pour le scientifique, en tant que scientifique, que ce qui est réitérable et observable, ainsi matériel. Les principes de la science expérimentale relèvent de l'explication mécanique : on explique le point d'arrivée par le point de départ, on passe du premier au second moyennant l'application d'une loi ; et les principes du mécanisme sont nativement incapables de rendre raison des processus de néguentropie : dans la genèse d'êtres plus complexes que ceux dont ils sont issus, le but précède, quant à la causalité, ce qui tend vers lui et qui le précède selon le temps, de telle sorte que la *finalité* — concept évacué par la science expérimentale, puisqu'il n'est ni quantifiable ni sensiblement observable — est première. Les principes de la science expérimentale (ainsi de ce qui est nommé aujourd'hui « la science ») peuvent permettre de décrire ces processus d'accroissement d'information, de les mesurer, voire de les prévoir, ainsi de dégager les conditions de leur advenue, ils peuvent dégager leur « comment ». Ils ne peuvent pas discerner leur « pourquoi ». Voilà pourquoi, en vertu même des apories sur lesquelles achoppe la science moderne, on est invité à requérir l'explication métaphysique des phénomènes physiques pour les rendre intelligibles, ce qui revient à convoquer la causalité des formes substantielles. Procédons à une brève récapitulation :

Toute réalité matérielle est un composé de matière et de forme, la matière est à la forme comme la puissance l'est à l'acte, l'âme est au corps comme l'acte l'est à la puissance, la matière est principe d'individuation de la forme. L'âme de Jean n'est pas celle de Pierre, mais ils ont une essence commune qui est individuée — ainsi différenciée en deux âmes — en chacun par la relation que chacune entretient à l'égard de son corps propre. Il existe, dans cette perspective, une nature humaine : la nature est une même chose avec l'essence, elle est l'essence entendue comme principe de mouvement dans ce dans quoi elle réside. L'Univers n'est pas un « grand vivant », une Substance dont les individus seraient les accidents furtifs ; il est un ensemble de substances singulières, mais il est, quant à sa structure et à sa loi fondamentale de comportement, comme un organisme réalisant, mais de manière avortée, une unité d'intérieur et d'extérieur dont la radicalisation serait porteuse de vie spirituelle. Être absolument être, c'est être esprit et pensant ; être sans être pensant, c'est exercer une réflexion inchoative.

§ 3.2 Il existe quatre espèces de causes. Une automobile est expliquée d'abord par sa finalité, ultime en exécution et première en intention : avoir la vertu de rouler de manière autonome. Elle est ensuite expliquée par l'artisan qui la construit (cause efficiente) ; mais l'artisan ne saurait que faire s'il ne suivait un plan, n'était habité par une idée, qui désigne la cause formelle ; enfin, ce sur quoi il travaille pour en faire surgir la forme à partir de son idée, c'est la cause matérielle : du métal, des fils électriques, etc., une certaine matière déjà pré-informée, par là rendue capable de recevoir la forme nouvelle. Il y a quatre espèces de causes et seulement quatre, en toute chose, et cela s'explique si l'on se souvient que tout être a la forme (au sens courant) d'une réflexion, ainsi d'une identité à soi réflexive : comme origine de sa réflexion, il est cause efficiente ; comme terme de sa réflexion, il est cause finale ; comme se faisant procéder de ce en quoi il s'anticipe, il est cause formelle ; comme le « ce dans quoi » il s'abîme pour s'en rendre victorieux, il est cause matérielle. Si l'on se souvient que la matière qui n'est que matière ou purement matière équivaut au néant, on peut comprendre que plus le degré de perfection d'un être est élevé, plus il fait s'identifier la finalité, l'efficience et la forme, plus il fait s'exténuer la matière, de sorte que plus il est parfait, plus il est voué à ouvrir en son sein un non-être plus parfaitement non-être dont il est le résultat victorieux. Dans un être matériel, sa nature, en tant que cause efficiente immanente, se dit à la fois, mais sous des rapports différents, de sa matière, de sa forme et de sa fin. La causalité consiste en une communication d'actualité : ce qui est en puissance à quelque chose ne passe à l'acte que par une chose qui est déjà en acte. Et ce qui est en acte a le pouvoir de communiquer son actualité sans la perdre ; ce qui est une forme individuée, ou une puissance actualisée, ainsi un acte proportionné à et contracté par une puissance déterminée, est capable d'être cause, et son pouvoir de causalité consiste dans son aptitude à libérer son actualité, ainsi sa forme, de la particularité en laquelle elle est prise en lui, afin de la faire s'individuer, de manière originale, par une matière extérieure qui la recevra. Sous ce rapport, il est clair que la thèse de l'individuation par la matière est corroborée.

Quand un être est capable de se mouvoir par soi, il est dit vivant. Il se meut par soi selon le lieu (mouvement spatial), selon la qualité (changer de figure, acquérir ou perdre une qualité sensible, un habitus, une puissance opérative), selon la quantité (grandir sans cesser d'être le même individu). Il peut même être dit se mouvoir selon la substance (passage non d'une manière d'être à une autre manière d'être, mais passage du non-être à l'être), mais *ad extra* : il n'est pas cause de soi *stricto sensu*, mais il jouit du privilège, lui qui est individuation d'une forme ou essence, de communiquer sa forme sans la perdre, de lui faire exercer son pouvoir de causalité hors de lui, ce qui est engendrer un rejeton, un autre que soi selon le nombre, même que soi selon l'espèce. Est vivant ce qui a en soi-même le principe de son mouvement, et le mouvement du vivre est spontané quant à son origine et immanent quant à son terme, de telle sorte que le degré de vie est mesuré par le degré d'immanence d'un tel mouvement ; l'immanence est maximale dans le cas de l'acte d'intellection : l'engendré, ainsi le « concept », est immanent à l'intelligence qui le conçoit. Dans un vivant, la forme se nomme âme. Tout vivant est doté d'une âme, mais seule l'âme humaine est spirituelle, ainsi subsistante, ce qui appelle une explication :

L'acte substantiel d'une chose est sa forme, mais ses actes accidentels (les « actes », au sens courant) sont ses opérations. La nature d'un être se révèle par ses actes opératifs, et les actes intellectifs et volitifs de l'homme (ses opérations proprement humaines) excluent la participation intrinsèque d'un organe matériel ; si les actes excluent la matière, ce dont ils sont les actes l'exclut aussi ; si l'intellection est immatérielle, la puissance intellective l'est aussi ; si la puissance intellective est accident propre de l'âme humaine, cette dernière est elle aussi immatérielle. Or se corrompre ou mourir consiste à se décomposer, et il n'appartient d'être composé qu'à ce à quoi il appartient d'être divisible ; mais la matière est principe de divisibilité ; donc ce qui est immatériel est incorruptible. Donc l'âme humaine est immortelle, ce qui revient à dire que son destin ultime n'est pas de ce monde.

Il reste à établir (chose qui a été supposée ci-dessus) que la nature d'un être se révèle par ses actes, et que certaines opérations humaines excluent la participation d'un organe, ainsi sont immatérielles.

La nature d'un être se révèle par ses actes :

La substance est aux accidents comme l'intérieur est à l'extérieur. Mais l'intérieur ne saurait être intérieur sans s'extérioriser, autrement, exclusif de l'intérieur, il serait *extérieur* à l'extérieur, entretiendrait à l'égard de l'extérieur une relation qui contredirait son essence ; tout autant, si l'extérieur était exclusif de l'intérieur, il reposerait en lui-même et serait *intérieur* à lui-même. Si l'intérieur répugnait à se nier (l'extérieur est bien le contraire de l'intérieur), il se convertirait malgré lui, immédiatement, en ce à quoi il serait supposé répugner ; c'est parce qu'il se nie en s'extériorisant qu'il se conserve et même se pose en son statut d'intérieur effectif ; il se pose en s'opposant, s'affirme dans sa négation, ce qui revient à dire qu'il se nie dans ce dont le propre est en retour de l'affirmer ; il se fait affirmer par lui-même en tant qu'autre, il fait se renier ce en quoi il se nie, il est identité à soi réflexive, il est d'autant plus identique à soi qu'il consent à se faire plus radicalement différent de soi. Ainsi, l'intérieur s'extériorise *nécessairement*, puisque c'est dans l'acte de s'extérioriser qu'il conquiert son statut d'intérieur. Mais si l'intériorité de l'intérieur est intrinsèquement liée à son acte d'extériorisation, c'est que cet acte lui est immanent, ou encore intérieur : par ses accidents, la substance s'extériorise en quelque sorte sans sortir d'elle-même. Mais ce n'en est pas moins là une extériorisation : cet homme qui sourit nous révèle sa joie. C'est pourquoi le mensonge et la duplicité, qui consistent à jouer du pouvoir de s'extérioriser pour masquer son intérieur, en viennent toujours à se trahir, de sorte que le mensonge à autrui est toujours, en dernier ressort, mensonge à soi. Le diable n'est diviseur que parce qu'il est divisé contre lui-même, il n'est père du mensonge que parce qu'il est victime — consentante — de son mensonge à lui-même. Si l'intérieur s'extériorise nécessairement, il se manifeste et se confesse dans son extériorisation : la nature intérieure d'un être se manifeste par ses actes. « Les cons osent tout, disait Michel Audiard, et c'est à cela qu'on les reconnaît » : sauf par accident, un crétin ne dit pas de choses intelligentes, et c'est parce qu'il est crétin qu'il ose dire des bêtises, ainsi montrer qu'il est sot en voulant faire preuve d'intelligence.

L'œil voit le visible et se voit dans un miroir, mais l'acte de voir n'est pas visible. L'acte de penser est pensable, et c'est même en vertu de cette réflexion que l'intellect est effectivement pensant : si, comme le dit Sartre, une conscience de table n'était pas corrélativement conscience d'être conscience de table, elle serait conscience de cette table sans avoir conscience de l'être, elle serait conscience inconsciente, ce qui est absurde. Le gras du doigt peut toucher n'importe quelle réalité sensible, mais il ne peut revenir sur lui-même pour être ce qui est objet du toucher, et il en est ainsi à cause de la spatialité, laquelle est propriété de la matière. Donc ce qui est réflexif est immatériel. L'acte de penser est réflexif, donc il est immatériel, mais l'intérieur s'extériorise et se révèle en cette extériorisation, donc le principe de l'acte de penser, à savoir la puissance pensante et l'âme qui la pose, sont immatérielles. Si la vie se prolonge après la mort, on est conduit à penser que la finalité ultime de la vie humaine n'est pas terrestre ; il appartiendra à l'État rationnel de se souvenir de cette vocation spirituelle de la vie humaine : le bien commun dont l'État a la garde n'est pas le Souverain Bien.

§ 3.3 Un corps peut agir sur un esprit parce que quelque chose d'immatériel — sa forme — est constitutif de tout corps.

Connaître une chose en son essence consiste à faire exister sa forme, en tant qu'abstraite de la chose à connaître, selon les modalités de l'esprit qui la pense en la recevant, de telle sorte que ce qui est principe d'être dans la chose est aussi principe de connaissance de cette chose. À l'universel de prédication caractéristique du langage correspond un universel de causalité du côté de ce que signifie le langage : l'humanité se dit de tout homme, parce qu'elle est une nature individuée en chaque homme. Elle est tout entière, quoique non totalement, investie en chaque homme concret.

§ 4 Doctrine des quatre causes

Quatre causes sont à chercher pour tout être mondain, qui seules le rendent intelligible : la cause matérielle, la cause efficiente, la cause formelle et la cause finale. Dans les réalités artificielles et utilitaires, seules la cause matérielle et la cause formelle lui sont intrinsèques ; la cause efficiente (l'artisan qui a construit le couteau) et la cause finale (la réalité organique qu'il s'agit de couper) lui sont extrinsèques. Mais dans un vivant les causes efficiente et finale lui sont intrinsèques elles aussi. La fin de la génération, c'est l'être accompli lui-même ; et la cause efficiente du rejeton n'est pas tant le père que la nature du père (commune au père et au fils) qui, communiquée par le père à l'enfant, est le principe immanent — ainsi intrinsèque — de la croissance de ce dernier. Tout se passe, dans un vivant, comme si le moteur de la construction, à savoir l'artisan, était d'une part intérieur au matériau non encore assemblé, était d'autre part une même chose avec le plan de construction de l'objet construit (l'automobile), et encore tendait à être une même chose avec la fin poursuivie ; un vivant contient en ses flancs le programme de sa construction et la vertu de se construire lui-même, et le but du processus que met en œuvre le vivant n'est autre que le vivant lui-même en tant qu'accompli. La société n'est pas une substance, elle est un tout ordonné. Mais elle est composée de vivants, qui plus est de vivants pensants. Elle est donc elle-même vivante, au moins sous le rapport de l'analogie. Il est donc nécessaire de faire l'inventaire de ses causes, qui lui seront toutes intrinsèques. La cause finale de la cité est le bien commun. Sa cause formelle est l'État déployant son activité et rendant sa présence immanente à toutes les parties de la cité par ses lois. Sa cause matérielle est l'existence d'un peuple prédisposé, par la race, par l'histoire, par la culture, la langue et mille affinités vécues, à constituer une communauté de destin ; c'est précisément ce que l'on désignera par le terme de « nation ». La cause efficiente de la cité n'est autre que la nature politique de l'homme, immanente à tout homme, laquelle n'accède à la conscience d'elle-même, comme volonté singulière, que dans une personne, à savoir un chef. Le chef n'est nullement le délégué d'une volonté populaire déjà constituée en acte, laquelle n'existe pas ; cette sociabilité naturelle ou tendance à faire société ne prend la forme d'existence d'une volonté singulière qu'en s'actualisant dans la volonté du chef. L'organicité n'implique nullement l'esprit démocratique : que, dans une substance organique, la vie de la partie soit la vie même du tout, cela ne fait pas du tout le délégué de l'autorité des parties ; bien plutôt, les parties n'ont d'être et de tendances que par le tout qui ne se fait vivre d'elles que parce qu'il les fait vivre.

La maison est construite par un agent extérieur. Le vivant a dans lui-même l'agent de sa propre construction. Il est à ce titre plus parfait que la maison. Cela ne l'empêche pas d'être créé, de n'être pas pour lui-même sa fin ultime, et de recevoir d'un Autre le principe immanent de sa croissance, de sa régénération, et de son pouvoir d'engendrer un autre que soi spécifiquement identique à soi. La causalité d'une cause est d'autant plus élevée, par là d'autant plus parfaite, que cette cause est plus capable de produire des effets qui sont aussi des causes, au lieu qu'une cause moins parfaite se contente de produire des effets qui ne sont qu'effets. Si l'autonomie des êtres naturels, avec leur vertu d'être causes au point d'être inchoativement causes de soi, devait compromettre la transcendance de leur Origine qui est aussi leur fin ultime, il faudrait bannir l'existence de toute cause dans le monde créé, et en venir à soutenir, avec l'augustinisme avicen-nisant (toutes les formes substantielles émaneraient de l'Intellect agent) et Malebranche, qu'il n'y a dans le créé que des causes occasionnelles. Quand une boule de billard frappe une boule en repos, le mouvement de la seconde ne serait pas imputable à celui de la première, laquelle ne serait que cause occasionnelle de la motion, opérée par Dieu seul, de la seconde boule. Mais cela reviendrait à « déroger à la bonté divine » (saint Thomas, *C. G.*, III, 69). Au pieux augustinien effrayé tant par l'organicité de la cité, corrélative du caractère naturel du lien social, que par la thèse de l'héliocentrisme, supposée substituer le Soleil à Dieu, on est en droit de rétorquer que la césure entre le créé et l'Incréé, pour la gloire de l'Incréé et pour la rendre plus manifeste aux hommes, est en quelque sorte analogiquement reproduite dans l'élément du créé, de sorte que le Soleil est une similitude du Dieu provident : la gloire de Dieu est plus satisfaite par une créa-tion capable d'imiter son Auteur jusque dans Sa souveraine autarcie ontologique, que par une création dont la dépendance à l'égard de son Auteur serait exclusive de son pouvoir de l'imiter.

Il reste, certes, que la créature, faillible, peut toujours rappor-ter à elle-même les bienfaits qu'elle doit à son Auteur ; est-ce à dire que pour éviter un tel risque l'homme vertueux serait mis en demeure de se masquer ses qualités, au point d'en venir à les nier ? La crainte du péché, ou l'obsession de ce dernier, en vient à exténuer la perfection de la créature, au point d'interdire au Créateur de manifester Sa gloire dans Ses créatures. Ce qui est l'attitude typique du surnaturalisme et, malgré qu'il en ait, une pulsion sournoise de subjectivisme. Narcisse est mort d'avoir reposé en lui-même, succombant à la fascination de sa propre beauté dont il ne sut pas se détacher pour regarder au-delà de lui-même, alors que c'est à cela que l'invitait sa beauté. Le sur-naturaliste, tourmenté par le complexe de Narcisse, mais horri-fié par le destin de ce dernier, préfère, plutôt que d'assumer le fardeau de son excellence (consentir à s'aimer *pour* se détacher de soi, et ne coïncider avec soi que dans ce détachement même), se défigurer, non sans aspirer à défigurer « pour son bien » son prochain auquel il suppose le même subjectivisme que le sien. Il y a bien du subjectivisme dans ce champion autoproclamé de l'antisubjectivisme qu'est le surnaturaliste : parce que sa perfection propre est moins réussie que celle à laquelle il prétendait secrètement et qu'il eût convoitée s'il avait pu choisir sa part de beauté et de talents, il la refuse en se donnant de pieuses raisons de se défier de lui-même, alors qu'il assouvit, ce faisant, une pulsion de rancœur révélatrice d'un amour de soi désordonné ; il y a du Tartufe dans tout surnaturaliste. Le drame est qu'il ne le sait pas, et cette ignorance rend convaincante et communicative, auprès des âmes soucieuses de progresser spirituellement, cette haine de soi expressive d'un amour dévoyé de soi qui s'ignore. Aristote enseigne que l'amour de bienveillance pour autrui, c'est-à-dire l'amitié, est fondé sur l'amour de soi entendu telle l'acceptation de soi tel que l'on est, et non tel que l'on voudrait être. Si l'on ajoute que la charité est une amitié pour Dieu, fondatrice de la charité portée à son prochain, on comprend que le surnaturalisme soit la pathologie la plus radicalement efficace pour enrayer la vraie charité. L'humilité authentique ne se perd pas en tourments névrotiques en apercevant Narcisse, parce qu'elle sait qu'elle est une victoire opérée sur la possibilité d'être Narcisse, laquelle doit bien n'être pas refoulée pour s'offrir en sacrifice fécond.

§ 5.1 Le hasard n'est pas une cinquième cause.

Parce que la cause finale est ultime en exécution mais première en intention, elle est la première des causes, en ce sens qu'elle est la cause qui meut les autres causes. Parler d'intention, c'est évoquer une activité subjective, un projet répondant à un vœu. Il ne semble pas possible, croit-on, d'attribuer — sinon par anthropomorphisme doublé de pensée magique — une « intention » à la nature. Au reste, la notion de finalité n'est pas scientifique, en tant qu'elle est méthodologiquement mise entre parenthèses par la science expérimentale. On est ainsi tenté de ne discerner en elle que le résultat d'un transfert, plaqué sur la réalité matérielle en devenir, de la vie subjective travaillée par le souci, afin de se rassurer, de donner un sens au monde physique en lequel elle est immergée et dont elle dépend. C'est là le diagnostic de la communauté contemporaine des savants. Il y a du hasard, et tout se serait produit comme s'il y a avait eu une intention. L'homme, comme l'enseignait Jacques Monod inspiré par Démocrite, n'est que le produit du hasard et de la nécessité.

Là contre, il est permis de se souvenir de la leçon d'Aristote (*Physiques*, II). Un homme se lève de bon matin pour se mettre en route afin d'acheter des bœufs. Il a élaboré un itinéraire dont il s'est efforcé de prévoir les moments avec le plus de soin possible, afin de ne pas perdre de temps ; il a ainsi tenté de dissiper autant que possible les impondérables. Il se trouve que, chemin faisant, il rencontre un débiteur qui s'engage à le rembourser. C'est là un fait de hasard : des séries de causes indépendantes les unes des autres se rencontrent et produisent un effet qui, parce que ces séries n'étaient pas coordonnées entre elles, était imprévisible, ainsi hasardeux. On voit dans cet exemple que le hasard ne saurait se substituer à la finalité, puisqu'il la présuppose : si cet homme n'avait pas été mû par un projet, il ne se fût pas mis en route, et le fait hasardeux ne se fût pas produit. Au reste, l'art, c'est-à-dire la technique, imite la nature : il y a des avions parce que l'homme a observé le vol des oiseaux. Or il existe de la finalité dans l'art (on ne produit pas une hache pour planter des clous), donc il existe de la finalité dans la nature. Il en résulte que le hasard est une cause accidentelle, ainsi une cause par accident, par là encore quelque chose qui ne peut être nommé cause par essence, quelque chose qui n'a pas l'essence d'une cause et qui n'est pas véritablement une cause ; il est une cause accidentelle agissant dans un petit nombre de cas, dans l'élément des processus qui se déroulent en vue d'une fin. Le hasard peut être défini en termes d'excès de causes : plusieurs séries de causes se rencontrent, ici le voyage du marchand de bœufs d'une part, celui du débiteur d'autre part. Il peut aussi et surtout être défini en termes de déficit de causalité : le marchand de bœufs a tenté au mieux de prendre en compte le plus de paramètres possible pour rendre son voyage fécond et facile, mais il ne peut avoir tout prévu ; il ne pouvait pas prévoir qu'un éboulement aurait lieu à cause de l'usure de la roche en laquelle fut tracé le chemin qu'il emprunta ; il ne pouvait pas prévoir que son débiteur déciderait le jour même d'emprunter la même route. Ici, la cause efficiente de la rencontre fortuite est la décision du marchand de bœufs de se mettre en route pour s'acheminer vers le marché aux bestiaux. La cause efficiente, c'est ce en quoi s'anticipe la cause finale pour se faire accomplir par ce en quoi elle s'anticipe et se médiatise : la fin est première et se fait effectuer par l'efficience, elle s'identifie réflexivement à elle-même autant que faire se peut. Et dans les phénomènes de hasard, la cause efficiente n'est pas parvenue à convertir à l'intention qui l'habitait toutes les causes instrumentales qu'elle était en demeure de convoquer pour actualiser son projet. Sous ce rapport, le hasard résulte d'un déficit de causalité, dans la ligne de la cause efficiente.

Plus généralement, si l'on n'est pas horrifié par l'idée que le monde est créé, on est conduit à admettre l'existence de Dieu qui introduit de la finalité dans ce qu'Il crée afin d'en faire un ordre universel, un tout harmonieux et intelligible. Si l'on suppose le monde incréé, on admet qu'il a toujours existé. Cela dit, sur un temps fini, le possible peut ne pas se réaliser, mais sur un temps infini il doit absolument se réaliser, à peine de faire l'aveu qu'il n'est pas réellement possible. S'il est possible qu'il n'y ait rien, ainsi que tout se résolve dans le néant, alors, sur un temps infini dans le passé, tout doit s'être déjà consommé en néant. Mais il n'en est rien, puisqu'il y a du réel aujourd'hui. Donc tout ce qui existe est habité par une tendance à persévérer dans son être, autant qu'il le peut, à conjurer sa vocation à se résoudre en néant. Si les choses étaient indifférentes à exister ou à ne pas exister, elles ne s'opposeraient nullement à leur propre suppression ; si rien ne contredit leur possibilité de disparaître, alors, sur un temps infini, elles doivent avoir disparu. Puis donc qu'il y a du réel aujourd'hui, c'est qu'elles sont habitées nativement par un *conatus*. Pourtant, les réalités physiques du monde sont à la fois en état de conflit les unes avec les autres (chaque réalité vit des autres, subsiste par les autres qu'elle attaque pour s'en nourrir), à la fois en état de solidarité les unes par rapport aux autres : à faire disparaître ce dont on vit, on en vient à se faire disparaître soi-même. Dès lors, la logique du *conatus* est de conjuguer l'hostilité et la solidarité, la répulsion et l'attraction, et la résultante de cette conjugaison est la subordination : conserver en supprimant, c'est réduire à l'état d'esclave. Toute réalité du monde physique est de ce fait habitée par la tendance naturelle à se subordonner, autant qu'il est en elle, le reste du monde. Mais se subordonner quelque chose, c'est se vouloir *fin* de ce que l'on se subordonne. Toute réalité physique est naturellement investie par la tendance à s'introniser, selon ses moyens finis, cause finale de l'univers. Mais cette tendance elle-même, elle en hérite, elle la reçoit de l'univers en lequel elle est immergée et qui l'a fait surgir de son sein. Dès lors, la tendance immanente à chaque chose à s'introniser cause finale de l'univers n'est rien d'autre que la présence en chaque chose de la finalité qui habite l'univers. S'il y a de la contingence dans la Nature, ainsi du hasard, c'est qu'il existe de la finalité. Les choses n'ont pas besoin d'être des consciences pour être dotées de finalité : la montre a une finalité inscrite dans son fonctionnement, et la montre ne pense pas. En retour, elle a été pensée. Si l'univers est investi de finalité, il est le fruit d'une Pensée créatrice. Cela dit, il existe une contingence réelle dans la réalité matérielle, nonobstant le déterminisme des lois de la Nature. Pierre-Simon de Laplace au XVIIIe siècle, avant Nietzsche et après Spinoza, soutenait que le hasard n'est qu'un mot pour désigner notre ignorance : l'homme serait conscient des effets mais non de toutes les causes qui les détermineraient nécessairement. Il est clair qu'il n'en est rien, pour les raisons évoquées ci-dessus (§ 2.2 à 3.2) : la matière, considérée en elle-même, est intrinsèquement contradictoire. Ce qu'il peut y avoir de rationnel en elle, ainsi de nécessaire, lui vient de la forme qui l'actualise mais qui, l'actualisant, ne parvient pas à l'exténuer. L'essayiste contemporain

Olivier Rey (*Itinéraire de l'égarement*, Seuil, 2003) rappelle (pages 212 et 213) que, en mécanique quantique, « le caractère probabiliste des prévisions n'est pas un défaut éliminable par une meilleure connaissance des réalités visées, il leur est consubstantiel. [...] Des phénomènes d'interférences ondulatoires ont montré qu'en l'absence d'une mesure qui assigne à la particule une position précise, celle-ci ne se comporte pas comme si elle était ici ou là, mais comme si elle était répartie dans l'espace selon les probabilités portées par le vecteur d'état. Par conséquent l'"incertitude" n'est pas due aux limites de nos moyens d'accès à la réalité, mais à la réalité elle-même qui ne répond pas aux concepts classiques utilisés pour la décrire ». Albert Jacquard (*Abécédaire de l'ambiguïté*, Seuil, 1989, p. 80-81) évoque encore Henri Poincaré montrant que les ellipses de Kepler et de Galilée ne sont que des approximations, n'étant recevables que pour le cas d'une unique planète tournant autour d'une étoile, en dehors de l'attraction de quelque autre objet ; qu'un troisième corps intervienne (et il en existe des dizaines en fait) et il devient impossible de calculer les trajectoires : « les équations décrivant les conséquences des attractions réciproques de ces trois corps n'ont pas une solution correspondant à une situation stable » ; la trajectoire résultant des interactions gravitationnelles entre les diverses planètes peut, sans intervention d'un fait nouveau, précipiter la Terre vers le Soleil ou la renvoyer vers le vide cosmique ; soit : le déterminisme des lois de la nature n'exclut aucunement le caractère indéterminable des mouvements naturels, parce qu'il existe une contingence intrinsèque au monde matériel, ce qui revient à dire d'une part que les lois (déterministes ou nécessaires) ne sont pas des causes, d'autre part que la causalité n'est pas exclusive de la contingence. « L'ordre le plus absolu peut sécréter le désordre le plus étrange » (Albert Jacquard, *op. cit.*).

§ 5.2 Le même Olivier Rey explique (page 255) que « les particules élémentaires n'étant pas directement accessibles à l'expérience, on ne peut que postuler leur existence et leurs propriétés, avant de mettre à l'épreuve la validité du modèle par les effets macroscopiques qui doivent en résulter ». Il ajoute que les particules élémentaires, selon le modèle de la théorie quantique, ne peuvent plus être considérées comme de petits grains de matière ; elles ne peuvent plus être tenues pour des réalités locales. Il n'y a pas de sens à parler des particules élémentaires en dehors des constructions mathématiques propres à cette théorie. « Mais alors, ajoute-t-il, il n'y a pas de sens non plus à vouloir expliquer scientifiquement l'émergence de la pensée mathématique à partir de la matière, quand celle-ci ne peut être scientifiquement définie sans les mathématiques. » Bien que la théorie quantique ait, plus que toute autre théorie, obtenu de stupéfiants accords avec les mesures, un Jean-Pierre Changeux, biologiste matérialiste, est acculé à l'aveu suivant : « Je dirais alors que la théorie est mauvaise. » On voit aisément de quel côté se trouvent l'arbitraire, la mauvaise foi, l'incohérence et la passion obscurantistes.

Olivier Rey est ainsi fondé à rappeler l'aveu de Jacques Monod (cité page 263), matérialiste antifinaliste : « L'objectivité cependant nous oblige à reconnaître le caractère téléonomique des êtres vivants, à admettre que dans leurs structures et performances ils réalisent et poursuivent un projet. Il y a donc là, au moins en apparence, une contradiction épistémologique profonde. Le problème central de la biologie, c'est cette contradiction elle-même, qu'il s'agit de résoudre si elle n'est qu'apparente, ou de prouver radicalement insoluble si en vérité il en est bien ainsi. » Mais elle n'est insoluble que pour le scientifique, elle ne l'est pas pour le métaphysicien.

Loin de l'invalider, la science contemporaine confirme la pertinence de la philosophie de la Nature d'Aristote et de saint Thomas d'Aquin, ainsi de l'hylémorphisme. On notera au passage qu'une réalité matérielle non locale est quelque chose de peu intelligible. En effet, les concepts élaborés par la physique expérimentale ne seraient d'aucune valeur heuristique s'ils n'étaient susceptibles d'être rattachés, au moins indirectement, aux notions par lesquelles se formule la connaissance commune. Or, selon la connaissance commune, est matériel ce qui est objet des sens et qui résiste à une pression de la main (telle est l'antitypie : pouvoir de résistance, inertie, impénétrabilité), qui donc est *extérieur* à celui qui le sent ; mais l'extériorité *sensible* est nécessairement spatiale : si une chose répugne à être pénétrée par une autre, c'est qu'elles n'occupent pas le même lieu, et qu'un même lieu ne peut être occupé en même temps et sous le même rapport par deux corps ; en termes modernes, ces deux choses n'occupent pas la même position dans l'espace. Que la physique moderne en vienne à inviter l'homme à penser la réalité matérielle comme non locale corrobore la thèse hylémorphiste : « la » matière n'est pas *un* être, mais de la puissance à être, c'est-à-dire à être *un* être, et c'est en tant qu'on s'obstine à vouloir la décrire comme une réalité actuelle (et non potentielle) que l'on tombe dans la contradiction selon laquelle elle pourrait être non locale.

§ 6.1 Le bien commun, cause finale de la cité

Parce que la société est une réalité vivante (§ 4), elle a vocation à être comprise dans et par l'exhibition de ses quatre causes. Il a été ici rappelé que la cause finale est la première des causes ; c'est donc par la considération du bien commun qu'il convient de commencer. En tant qu'il est cause finale de la cité, il est le critère permettant de distinguer entre les bons régimes politiques et les mauvais. Pour rappel, on dira avec Aristote qu'il existe trois formes de gouvernements recevables : la monarchie, où un seul gouverne en vue du bien commun ; l'aristocratie, où quelques-uns gouvernent selon la vertu ; la politie, où tous sont invités à gouverner parce qu'on leur suppose une compétence pour le faire, mais où chacun œuvrera non en vue d'obtenir un bien seulement privé, mais un bien qui sera celui du tout pris comme tout. À ces trois régimes en droit légitimes correspondent trois déviations qui sont respectivement la tyrannie, l'oligarchie (ou ploutocratie) et la démocratie ou ochlocratie : le tyran, l'oligarque et le démocrate œuvrent chacun pour son bien privé, de telle sorte que la démocratie est en son fond une tyrannie de chacun sur tous et de tous sur chacun. Tous les régimes possibles peuvent se rattacher à l'une de ces six espèces de gouvernements. Les gouvernements contemporains sont des mixtes d'oligarchie et de démocratie. Ce sont des oligarchies tyranniques exerçant leur despotisme sur des peuples consentants, des peuples qui plébiscitent leur esclavage et les manipulations grossières dont ils sont l'objet, parce qu'ils reconnaissent dans ce pouvoir illégitime l'expression de leur souveraineté. On leur ment et on les exploite, mais ils veulent croire à de tels mensonges qui flattent leur subjectivisme, et l'exploitation dont ils sont les victimes a pour envers la légitimation juridique et politique de leurs vices privés. Ce qu'il y a de terrible dans la démocratie, c'est que, loin d'être trahie ou occise par ceux qui la manipulent et n'en préserveraient que les apparences, elle est rendue possible, comme expression de la médiocrité toujours majoritaire, par ces manipulations mêmes qui, en trahissant la lettre de la démocratie, en vérité en servent l'esprit.

§ 6.2 Le bien, de manière générale, est pour chaque chose ce à quoi elle aspire en tant qu'elle aspire à sa propre perfection. Elle peut aimer ce qu'elle aime en le rapportant à elle-même, et sous ce rapport elle l'aime comme on aime un instrument, non pour lui-même, mais pour ce à quoi il donne accès. Et dans ce cas c'est l'aimant qui a raison de fin, mais cela revient à dire qu'il n'aime son bien que parce qu'il s'aime lui-même en se voulant du bien : il est aimant de lui-même en tant qu'aimé. Mais une chose ou une personne peut aimer son bien en se rapportant à lui, en lui voulant du bien, en trouvant son bien propre dans l'acte de le servir, et ici c'est l'aimé qui a raison de fin. Le bien de la mère est la vie de son enfant pour laquelle elle peut sacrifier la sienne propre : elle aime son enfant en lui voulant du bien, elle n'est pas pour elle-même son propre et ultime bien. L'œuvre d'art n'est pas aimée tel un bien de consommation, pour le plaisir qu'elle suscite. Elle suscite un plaisir, effet de la possession d'un bien, mais tout se passe comme si l'esthète se mettait au service de l'œuvre d'art en lui prêtant ses yeux afin de lui donner de se mirer elle-même par eux. L'esthète n'accède, dans ce qu'il a de spécifique, au plaisir esthétique, qu'en se voulant l'instrument de l'autocélébration de ce bien qu'est le beau. Et c'est dans l'exercice de la fonction de moyen du bien qu'il aime, que l'amant, ici, atteint sa propre perfection ; il se trouve en s'oubliant dans le service de son bien. Cela dit, si le bien est ce que l'on aime en tant qu'on aime sa perfection ; si l'acte de se rapporter à un tel bien peut aller jusqu'à exiger le sacrifice de l'amant, d'où vient que la perfection de celui qui aime puisse coïncider avec sa propre suppression ? Il en est ainsi seulement si l'amant est à son bien comme la chrysalide l'est au papillon : devenir papillon est l'expression de son vœu le plus cher, car il dévoile ce qu'elle a vocation à être, ce vers quoi elle tend par nature, ce en quoi elle reconnaît sa perfection, ce qui l'achève en tant qu'il l'accomplit ; devenir papillon est aussi, pour elle, être achevée au sens d'être niée. La chrysalide est habitée par la tendance à s'accomplir dans ce qui la nie, parce que le papillon, qui n'est pas encore advenu, se veut déjà en elle, s'anticipe en elle comme en ce dont il se fait surgir comme sa vérité immanente. La chrysalide procède proleptiquement du papillon, et au reste elle est bien née d'un papillon. Dans la chrysalide, le papillon se médiatise avec lui-même en tant qu'autre, se fait advenir par négation de ce en quoi il se nie. Si l'amour de la chrysalide pour le papillon est amour de soi du papillon en elle, on comprend que, en satisfaisant au réquisit d'un tel amour pour lui, la chrysalide se fasse l'instrument de l'amour qu'il se porte, par là se veuille rapportée à lui qui s'en trouve être son bien le meilleur précisément parce qu'il a raison de fin : un bien aimé au titre de moyen n'est pas aimé à raison d'une bonté qui lui serait intrinsèque, mais à raison de la bonté de ce à quoi il donne accès. Il est structurellement impossible pour un être d'aimer sa propre perfection tel un moyen. L'aimer comme on aime un moyen, c'est aimer ce bien qu'elle est, mais c'est, dans l'hypothèse, n'aimer le bien qu'elle est qu'en tant qu'elle le tient du bien dont elle est le moyen ; on pourrait dire pour cette raison qu'un bien aimé au titre de moyen est le bien d'un être qui *a* une bonté qu'il n'est pas en tant qu'il la reçoit de ce dont il est le moyen (la fourchette est aimable à raison de la bonté de l'aliment auquel elle donne accès). Aussi, lorsqu'on envisage l'hypothèse selon laquelle un être pourrait aimer sa perfection au titre de moyen, on parvient au résultat suivant : il aime sa perfection tel un bien qu'elle a et qu'elle n'est pas, et qu'elle tient de celui qui l'aime. Mais alors on est contraint d'en déduire que celui qui aime sa perfection comme la rapportant à soi tel un instrument possède de manière suréminente cette bonté qui rend sa perfection aimable, auquel cas il n'a nullement besoin d'elle et n'a aucune raison de l'aimer comme quelque chose qu'il convoite d'avoir, puisqu'il l'est. Dès lors, on ne peut aimer sa perfection comme on aime un moyen, on l'aime à titre de fin. Et si la perfection d'un être a raison pour lui de fin, c'est qu'il en est le moyen : il l'aime en tant qu'il lui est rapporté.

La même chose peut être établie comme suit : le bien est ce qui est aimable et objet de l'amour, mais l'acte d'aimer est lui-même un bien, donc l'acte d'aimer est consubstantiel à l'objet de l'amour, ce qui revient à dire que le bien n'est aimable qu'en tant qu'il est aussi aimant ; or l'amour est par définition amour du bien, donc le bien aimant est amour de lui-même ; il a raison de cause finale ; s'il est aimant, le fait de l'aimer n'est autre que la présence, dans celui qui aime un tel bien, de l'amour de soi de son bien en lui ; à tout le moins le fait, pour l'amant, de l'aimer, est l'effet de cette présence de l'amour de soi du bien en l'amant. L'amant aime son bien selon une dynamique empruntée à l'amour qu'un tel bien se porte à lui-même, et c'est pourquoi, un tel bien ayant raison de fin, il est aimé tel un bien auquel on est rapporté.

Il est aisé de déduire de ces brèves analyses qu'il est de l'essence du bien, considéré ainsi dans son absoluité, d'être un bien auquel on est rapporté. S'il est des biens que l'on rapporte à soi, c'est seulement en tant qu'ils sont les instruments du bien auquel on est rapporté, de sorte que leur bonté est une participation à la bonté de ce qui est bon à raison de soi-même, à savoir ce à quoi on est rapporté. Ainsi, plus grande est sa vertu de se subordonner ceux qu'il aime, meilleur il est. Mais plus grande est sa vertu de se subordonner ceux qui l'aiment, plus nombreux sont ceux qui trouvent leur perfection en et par lui. Dès lors, il est de l'essence du bien d'être commun, et un bien est d'autant meilleur qu'il est plus commun.

§ 6.3.1 Cela dit, il existe deux espèces de communautés ; la communauté de prédication et la communauté de causalité.

L'air qu'ils respirent est commun à tous les hommes, et il n'a pas raison de cause finale. Il est l'humble instrument de leur vie biologique. Il se prédique d'un grand nombre d'êtres (il est le bien de tous les vivants qui respirent), mais il est commun à tous ces êtres à la manière dont le marbre est commun aux sculptures qui tiennent leur beauté, ainsi leur bonté (le beau est le bien en tant qu'objet d'admiration), des formes qui s'incarnent dans leur matière commune, laquelle est commune à plusieurs en tant qu'elle est divisible. Ce qui a raison de matière est un bien commun d'une communauté de prédication.

Mais la valeur des œuvres d'art tient d'abord à leur forme qui, indivisible, peut être réalisée dans plusieurs matières (du marbre, du buis, du grès, du granit, ou plusieurs blocs de la même matière). Ici la forme, qui est une, est éminemment bonne en tant qu'elle est cause du bien (esthétique : la beauté) qui est dans maintes choses. Et ce n'est pas la forme qui est pour la matière, c'est la matière qui est pour la forme, laquelle a ainsi raison de fin. Ce qui a raison de forme est un bien commun d'une communauté de causalité. Il en est, enseigne Aristote, du rapport entre forme et matière comme il en est de la relation entre le mâle et les femelles : de même que le mâle peut féconder plusieurs femelles dont chacune ne saurait être en même temps fécondée par plusieurs mâles, de même la même et unique forme peut être reçue dans plusieurs matières qui la multiplient en l'individuant, et dont chacune ne saurait recevoir plusieurs formes substantielles en même temps. La forme est universellement communicable parce qu'elle est universellement cause, perfection reçue et non indigence réceptrice. Et ce qui est universel dans la ligne de la causalité est d'ordre formel. C'est sous ce rapport que le bien commun est dit commun.

Ce qu'on entend par bien commun, au sens propre, c'est le bien commun d'une communauté de causalité, ainsi le bien aimé en tant que l'aimant se rapporte à lui. En tant qu'il est d'ordre formel, il peut se communiquer tout entier à plusieurs sans être diminué : la forme du vase peut être communiquée à maintes matières sans avoir à se défaire chaque fois d'une partie d'elle-même, elle a la vertu d'être tout entière en chaque vase, bien qu'elle n'y soit pas totalement puisqu'elle peut aussi se réaliser dans un autre ; le savoir du maître peut se communiquer aux élèves et, au rebours d'une somme d'argent (et plus généralement d'un bien matériel) qui n'est communiquée à plusieurs qu'en étant divisée, le maître possède d'autant plus son savoir qu'il le communique avec plus de générosité, tel un bien qui s'enrichit du fait même d'être communiqué. Récapitulons :

§ 6.3.2 Un bien est d'autant meilleur qu'il est plus commun. Son degré de bonté est mesuré par sa puissance de communicabilité : il est d'autant meilleur que plus nombreux sont ceux qui l'aiment en se rapportant à lui, non en ce qu'il tiendrait sa bonté du fait d'être aimé, mais en ce qu'il est aimé par beaucoup du fait qu'il est éminemment bon. Il est dit communicable au sens où il cause la perfection de beaucoup. Si l'on convient de nommer « diffusibilité » la communicabilité, on sera conduit à affirmer que le bien est *diffusif de soi*. On notera qu'il existe une convertibilité entre les notions suivantes : « bien commun », « bien diffusif de soi », « bien qu'on aime en lui étant rapporté », « bien qui a raison de cause finale », « bien qui peut être tout entier en plusieurs », mais aussi, tout simplement, « bien spirituel » : ce qui est matériel ne saurait être possédé par plusieurs sans être divisé, ce qui est tout entier en plusieurs sans perdre son intégrité est donc de nature spirituelle ; et c'est un fait qu'une vérité, une idée, une vertu, peuvent être communiquées à beaucoup sans requérir d'être divisées, et sans que celui qui les communique s'appauvrisse en les communiquant. Un bien spirituel est unitif de soi à raison même de sa communicabilité. Le bien est donc unitif de soi à raison de sa communauté.

Le bien commun est commun à raison du fait qu'il est cause finale. Mais il l'est aussi à raison du fait qu'il est cause efficiente. Ici, une équivoque doit être dissipée. D'aucuns ont jadis tenu le bien commun comme commun sous le rapport de l'efficience, en un sens qui en vérité ruine le bien commun. Ils entendaient signifier qu'il est commun en tant qu'il est la condition ou l'instrument commun à tous d'obtention par chacun de son bien privé ; il en serait du bien commun de la cité par rapport aux biens particuliers des citoyens comme il en est du bien qu'est l'autoroute pour les usagers de cette dernière. Ce qui revenait à révoquer le bien commun en tant que commun sous le rapport de la finalité. Cette communauté du bien sous le rapport de l'efficience ainsi entendue, cela définit ce qu'on nomme aujourd'hui l'intérêt général : la somme et la coexistence de biens par nature privés, et l'ensemble des conditions de leur coexistence sociale. Réduire le bien commun à l'intérêt général, c'est au fond réduire la communauté de causalité à la communauté de prédication. Mais, si l'on maintient que le bien commun est commun sous le rapport de la finalité (ce qui signifie qu'il est éminemment bon pour chacun en tant même qu'il est aussi le bien d'un autre : il est aimé comme commun, sa communauté a raison de fin et non de moyen), on doit aussi maintenir qu'il est commun sous le rapport de l'efficience, en un sens certes différent de celui qui vient d'être évoqué. Est commun le bien qu'on aime en lui étant rapporté, en ce sens qu'un tel bien se veut lui-même dans et par la médiation de celui qui l'aime. Un tel bien est donc non seulement l'objet dernier de celui qui l'aime, mais la racine de sa puissance de l'aimer. Et il est racine de la puissance d'aimer de celui qui l'aime si et seulement si, plus radicalement, il est la racine de celui qui l'aime ; il est ainsi fin parce qu'il est origine ; il se subordonne ceux qu'il aime parce qu'ils sont ses rejetons. Et c'est en ce sens qu'il est commun sous le rapport de l'efficience : il est diffusif de soi en tant qu'il est dans sa nature de se communiquer, de s'enrichir dans l'acte de se donner. Cette acception néo-platonicienne du concept de « *bonum diffusivum sui* », lequel est né en contexte néo-platonicien, a mauvaise presse dans l'École thomiste, parce qu'elle semble solidaire de l'émanatisme nécessitariste, qui professe que le Bien, entendu comme le Divin, crée de manière nécessaire, alors que l'acte créateur est en vérité libre. Mais il n'est nullement exigé de professer l'émanatisme nécessitariste (au reste, saint Thomas parle d'« *emanatio totius esse* » à propos de l'acte créateur, privilège divin et éminemment libre) quand on adopte le concept de « *bonum diffusivum sui* ». En effet, ce qui est absolument bon est parfait, et le parfait est ce qui ne manque de rien ; mais il manquerait de quelque chose s'il ne faisait pas l'expérience du fait même de manquer ; l'absoluité de sa bonté appelle donc qu'il soit non seulement la Bonté même, mais encore qu'il assume tous les degrés de bonté, ainsi toutes les limitations de la bonté, dans lui-même et indépendamment de toute production *ad extra*. Ce qui est possible si l'on observe qu'est absolument bon ce qui est doué du pouvoir de se vider de soi-même dans soi-même sans cesser de se posséder en plénitude ; est absolument bon ce qui a la forme intemporelle d'une victoire souveraine sur sa propre pénurie qu'il assume dans lui-même ; est absolument bon ce qui a la forme réflexive d'une négation de négation. Considéré dans le moment à lui intestin de sa propre pénurie, c'est-à-dire dans le moment de sa différence d'avec lui-même, il est désir et manque de lui-même, et il a ce qu'il est ; considéré dans le moment de son identité à soi réflexive, il est ce qu'il a et il est ce qu'il est ; et c'est parce qu'il a ce qu'il est qu'il lui est loisible, se possédant, ainsi se maîtrisant, de se répandre librement *ad extra* sans rien perdre de lui-même. Mais il n'est pas en demeure de se répandre *ad extra*, puisque, étant celui qui a ce qu'il est, en lui-même et sans communication *ad extra*, il est intemporellement et substantiellement l'acte même de se donner lui-même à lui-même : il exerce suréminemment, en lui-même, sa communicabilité nécessaire définitionnelle de sa bonté ; et parce qu'il l'exerce en lui-même, toute communication *ad extra* est contingente et libre. On peut obtenir le même résultat en observant que la communication du bien est elle-même bonne, puisqu'elle enrichit, quand il s'agit d'un bien aimé pour lui-même, celui qui donne autant qu'elle parfait celui qui reçoit : la sagesse du maître enrichit le disciple, mais la communication de cette sagesse enrichit le maître lui-même d'autant plus parfaitement sage qu'il est plus généreux. Donc la communication du bien est définitionnelle du bien. Cela dit, si ce qui est très bon avait besoin, pour jouir de l'acte de se communiquer, d'un autre auquel se communiquer, alors ce qui est très bon ne serait pas absolument bon, car il aurait un besoin à l'égard d'un autre que soi, il serait sous ce rapport en état de pénurie. Si donc il est excellemment bon, il ne manque de rien, pas même de l'acte de se communiquer, mais de telle sorte qu'il n'ait besoin de rien d'autre que de lui-même pour se diffuser, ce qui revient à dire qu'il se communique lui-même dans lui-même, et qu'il n'est lui-même qu'à raison de cette communication.

§ 6.3.3 Qu'il nous soit permis de procéder à ce sujet à un bref excursus. L'Église ne s'est pas prononcée de manière définitive sur la question du motif de l'Incarnation. Pour les thomistes, ce motif est plus volontiers sotériologique : si l'homme n'avait pas péché, Dieu ne se fût pas incarné ; le Verbe s'est incarné pour être mis en croix afin de satisfaire, par amour pour les hommes pécheurs, aux réquisits de la justice de vindicte du Père ; et ce motif ne saurait être contesté. Mais ce motif n'est pas exclusif de l'autre, qui voit dans l'Incarnation l'achèvement de la création. Pour les scotistes et pour Malebranche, Dieu se fût incarné même si l'homme était demeuré en son état intègre. Dieu a créé d'abord pour Sa gloire ; ce qui seul pouvait glorifier Dieu à la mesure sans mesure de Dieu, c'était, pour qu'il s'agît d'une œuvre *ad extra*, la création d'un être qui fût fini pour être une créature, ainsi une œuvre, mais qui en même temps devait être infini pour honorer Dieu selon l'infini de Sa perfection ; il fallait que ce fût une union hypostatique, celle de l'Homme-Dieu. De surcroît, la Révélation n'est une vraie révélation que si Celui qui se révèle s'y révèle tel qu'Il est en Lui-même indépendamment de Sa Révélation : Il est venu « afin de rendre témoignage à la Vérité » ; aussi est-on fondé à penser que la geste christique de la mort et de la Résurrection est porteuse d'informations sur la Vie divine éternelle, comme similitude de ce qui se produit en Dieu de toute éternité, comme expression de l'essence intemporelle et nécessaire de Celui qui consent gratuitement, dans un acte *ad extra* contingent, à la mort et à la Résurrection ; ce n'est là qu'une similitude, mais ce n'est pas moins qu'une analogie. Est absolument bon seulement ce qui est l'identité concrète de l'abnégation et de la lutte, du sacrifice de soi et de la victoire, de l'humilité absolue et de la gloire infinie. La puissance d'engendrement des vivants finis est destinée à rendre possible la pérennité de l'espèce à défaut de réaliser une pérennité individuelle, et sous ce rapport la fécondité n'est que le substitut de l'immortalité, le palliatif de la mortalité naturelle de l'homme et des vivants terrestres : on engendre parce qu'on est imparfait.

Mais tout autant la fécondité est l'expression d'une surabondance, elle est le fait de ce qui, saturé de perfection, s'excède soi-même dans soi-même :

Il n'est pas d'amour qui n'ait pour objet le bien, qui donc ne soit actualisé par un bien ; mais il appartient à ce qui est actualisé de trouver dans ce qui l'actualise la perfection dont il manquait. Donc il n'est pas d'amour qui ne soit l'expression d'un manque. Tout autant, l'amour est aimable, « *ipsum velle quoddam bonum* » ; l'amour est un bien, il est du côté du Bien, il participe du Bien, il est une modalité du Bien, il révèle un aspect du Bien qui s'en révèle aimant ; le Bien s'aime et le Bien ne serait pas le Bien si le Bien ne s'aimait pas ; mais, dût-il être objet pour lui-même, le Bien aimant, en tant qu'il est aimant, exprime un manque ; force est donc de confesser que le Bien est à la fois plénitude et pénurie, plénitude parce que pouvoir de se faire pénurie, et cela est possible, sans contradiction, si et seulement si la plénitude se fait assomptive de sa propre pénurie pour s'en rendre victorieuse. L'amour est force d'union et de concrétion

(*Somme théologique*, Iª, q. 20, a. 1), et ainsi toute force d'union est l'effet d'un amour. Quand les amants sont différents l'un de l'autre, leur union qui, maximisée, les convertirait à l'unité en abolissant leur différence, serait ablative de l'amour même qui consiste dans la relation entre les amants, laquelle suppose la dualité de ses termes. Or l'amour s'aime et répudie, à ce titre, sa propre suppression. Donc l'amour serait contradictoire et impossible s'il n'était engendrement : les amants sont un dans un troisième, sans cesser d'être deux. Quand l'aimé et l'amant sont un seul être, l'amant s'aime par réflexion sur soi, s'unifie avec lui-même en tant qu'autre pour lui-même, par là fait s'identifier la pénurie de l'amant et la plénitude de l'aimé en une identité contradictoire qui se sublime, pour subsister, dans l'engendrement d'un troisième en lequel ils sont un sans cesser d'être deux ; mais parce que, tout autant, ils sont déjà un seul et même être, leur fruit leur est consubstantiel et il est le même que ce qui l'engendre. La raison naturelle est à jamais impuissante, livrée à elle-même, à rendre raison du caractère personnel de telles processions ; mais elle est capable de conclure à la nécessité de moments dans l'unité de la Vie divine. L'amour incompréhensible de Dieu pour les hommes pourtant indignes leur a valu la grâce insigne de l'Incarnation. L'union hypostatique eût été métaphysiquement possible avec la nature d'un ange, lequel est sa nature, et qui, à ce titre, est naturellement plus parfait que l'homme. Pourtant, c'est à l'homme que Dieu a décidé de faire l'honneur de s'incarner. Il n'y a à cela d'autre raison que la gratuité du libre amour divin. On peut néanmoins suggérer une raison de convenance, surtout dans le sillage du motif scotiste de l'Incarnation, parfaitement indépendant de l'ontologie scotiste, et au reste à certains égards implicitement évoqué par saint Thomas lui-même, dans son *Compendium* par exemple : l'homme est fini, et l'homme ressemble à Dieu non seulement à raison de sa perfection participée ou relative, mais à raison même de sa finitude, car l'Infini actuel est victorieux de sa finitude qu'il décide souverainement d'éprouver en lui-même et de toute éternité, indépendamment du monde et d'un esprit créé ;

c'est pourquoi, dès le stade de l'ordre naturel, l'homme est doté de la vertu d'engendrer, ce dont l'ange n'est pas honoré, alors que l'on pourrait s'attendre à ce que sa supériorité naturelle par rapport à l'homme lui fît bénéficier de tout ce qui, en l'homme, fait ressembler ce dernier à Dieu. Parce que l'homme, sous le rapport de sa finitude, ressemble naturellement plus à Dieu que l'ange qui, en retour, ressemble plus que l'homme à Dieu sous le rapport de l'infinité positive actuelle de ce dernier, il était convenable, pour autant que Dieu cherchât à couronner surnaturellement ce qui manifestait déjà naturellement Sa gloire de manière toute particulière, que l'Incarnation se produisît dans l'homme. Il s'agit évidemment de congruité et non de condignité, puisque la grâce est incommensurable à toute nature, et absolument gratuite.

Supposé que le motif de l'Incarnation soit plus le couronnement de la création (la position du degré maximal de perfection créée) que la rédemption de l'homme, alors le couronnement surnaturel de la créature sera moins indifférent au degré de perfection de l'ordre naturel qu'il couronne que dans la perspective de la seule Rédemption. Ce qui pourrait expliquer que fût dévolu à l'homme un privilège naturel de ressembler à Dieu (puissance d'engendrer) dont l'ange est privé.

Si l'amour du Bien prend son origine dans l'amour que le Bien se porte à lui-même, lequel est fécond, il est clair que la fécondité ne saurait être réduite à l'expression de la finitude. Le Bien est diffusif de soi, parce qu'il est amour.

§ 6.3.4 Il reste donc qu'on ne saurait faire l'économie de la dimension d'efficience enveloppée dans le concept de bien commun. Si le plébiscite de l'efficience au détriment de la finalité détruit la notion même de bien commun pour la faire dégénérer en intérêt général selon la pente du subjectivisme personnaliste, en retour la finalité sans l'efficience risque de faire perdre à la notion de bien commun son intelligibilité. En effet :

Le bien est ce que tout être désire en tant qu'il désire sa perfection, soit qu'il aspire à ce bien instrumental pour atteindre sa propre perfection plus digne que celle du bien qu'il rapporte à lui-même, soit qu'il aspire à un bien auquel il est rapporté pour trouver sa perfection dans l'acte de servir les intérêts de ce bien, à la manière dont un couteau, s'il lui était donné de désirer, aspirerait à exercer son activité propre qui lui est dévolue par son auteur, ainsi à servir son auteur et à trouver sa béatitude dans cette opération servicielle. Le mot « fin » a deux sens. La fin du mouvement local est le lieu propre, l'entéléchie naturelle des corps pesants ; mais, si « l'acte de ce qui est en puissance en tant qu'il est en puissance », à savoir le mouvement, est réellement distinct de son entéléchie (le terme de ce mouvement), il reste que l'acte du moteur (la causalité du lieu, l'acte du moteur en tant qu'il est dans le mobile) et l'acte du mobile (le mobile en tant qu'il est mû) sont un seul et même acte, de sorte que l'acte dont il est question quand on parle de « l'acte » de ce qui est en puissance, et l'acte dont on parle quand il est question de « l'acte » de ce qui est en acte, sont un seul et même acte ; c'est pourquoi, l'acte ayant raison de fin de la puissance, le mot « fin » est à la fois le lieu en lequel se repose le mobile, à la fois l'acte même de se reposer en ce lieu ; ce sont le même acte et la même fin, mais considérés tantôt du point de vue du mobile, tantôt du point de vue du moteur. Il en résulte ceci : un bien qu'on aime en lui étant rapporté, ainsi un bien commun, est à la fois le bien auquel on veut du bien et qu'on entend servir en s'y rapportant, à la fois l'acte même de s'y rapporter et l'activité même de le servir. Et l'acte de s'y rapporter est cette opération qui prolonge la substance opérante, qui l'actualise, lui donnant ainsi de se conformer au mieux aux exigences de son essence qu'elle individue. Ce qui précède permet de comprendre que la première perfection d'un être, son bien le plus immédiat, est son essence même, et plus précisément, quand ce bien est considéré du côté de celui qui l'aime, son adéquation à son essence qui est sa fin immanente. Ce qui se comprend aisément : tout désir, toute puissance de désirer, procède de la nature de celui qui désire ; mais désirer consiste à manquer, à souffrir, à être comme malade et inadéquat à son essence (on dit bien par métaphore d'une chaise cassée qu'elle est « bien malade »), de sorte que l'actuation d'un tel désir en direction d'un bien quelconque est toujours sous-tendue par le désir de se rendre adéquat à son essence, laquelle a bien raison d'efficience et de fin ; elle a raison de fin puisque, origine de l'appétit dont l'actuation ramène à elle, elle se veut dans celui qui l'appète et ainsi se le subordonne ou lui enjoint de se rapporter à elle ; elle a raison d'efficience puisqu'elle est la racine de cet appétit. Si l'on se souvient que toutes les essences dont le monde est pétri surexistent dans la Pensée divine où elles opèrent comme autant d'Idées divines créatrices, on comprend que tout être, par le seul fait de tendre à être lui-même, tend vers Dieu d'une certaine façon et aime naturellement Dieu plus que lui-même. Quand cet être est pensant, il a le privilège de connaître et d'aimer Dieu, de Le connaître naturellement dans Ses effets, et de tendre vers Lui par un amour volontaire qu'actualise la connaissance qu'il en a. En agissant de la sorte, il prolonge la perfection entitative de sa substance par des opérations qui donnent à la substance personnelle de se conformer aux exigences de son essence dont elle est l'individuation. Retenons de ce bref rappel que toute tendance vers un bien commun épouse — et même, *secundum quid*, se confond avec — la propension de chaque être à se conformer à son essence. Il en résulte que le bien commun est aimable à raison du fait qu'il a raison d'essence pour celui qui l'appète. Ce n'est pas à dire que l'essence des choses créées serait divine ; c'est-à-dire que toute essence créaturelle est la similitude d'une Idée divine. Mais l'essence a raison de fin et d'efficience ; donc le bien commun doit avoir raison de fin et d'efficience. Si le bien commun a raison de fin sans avoir raison d'efficience, alors l'homme tendra vers son bien, immanent (le bien commun politique) ou transcendant et séparé (Dieu), par autre chose que par l'appétit de sa raison, puisque c'est la raison qui fait l'humanité dans l'homme, ainsi l'essence de l'homme. Il faudra faire de la volonté une puissance opérative plus digne que la raison, et soutenir avec Duns Scot et Descartes que l'homme est « *imago*

Dei » par sa volonté et non par sa raison. Par voie de conséquence obligée, la bonté du bien politique ne consistera pas dans
sa rationalité, mais dans son aptitude à promouvoir la liberté,
attribut propre de la volonté, ou autonomie. Pourrait-on encore
parler de bien commun entendu tel un bien auquel on se rapporte ? Il faudrait adopter la position scotiste, qui voit dans le
bien commun un bien aimable à raison de son aptitude à promouvoir le bien privé. L'homme privé ne se soumettrait aux exigences du bien du tout que parce que ce dernier serait condition
d'acquisition du bien propre de l'homme.

Si le bien commun a raison de fin sans avoir raison d'efficience, il se convertit dialectiquement en ce bien commun ayant
raison d'efficience sans avoir raison de fin, et c'est là faire dégénérer le bien commun en somme des biens privés.

§ 6.4 Contre les délires individualistes des philosophies politiques du *Contrat social*, on doit rappeler avec Aristote que
l'homme est par nature un animal politique. Ce qui l'établit sans
peine, c'est d'abord que l'homme est animal pensant, ainsi animal parlant, un être qui actualise sa pensée en l'exerçant dans le
dialogue, qui suppose vie communautaire. Ensuite, la condition
humaine est homme et femme, elle induit la vie de famille,
laquelle est déjà une société. Et le dogme révélé, qui éclaire la
raison naturelle jusque dans son ordre propre, nous apprend que
Dieu est Lui-même, dans Sa perfection ineffable, une société ;
ayant raison de paradigme, la sociabilité n'est pas un expédient,
elle a raison de fin. L'unité absolue de Celui dont l'essence est
si parfaite qu'elle coïncide, dans son absolue simplicité, avec son
acte d'être, ne serait pas telle si elle ne s'exerçait dans une forme
trinitaire : le Bien est effectivement « *diffusivum sui* ». Ce qui se
pouvait déjà comprendre dans l'ordre naturel, comme il l'a été
suggéré ici plus haut.

Le bien commun — commun à tous les membres de la
cité — est le bien propre de la cité prise comme tout. En tant
qu'il a raison de cause finale pour chacun des membres de la
cité, il est aussi — en droit sinon en fait — le meilleur bien

— ainsi la part la plus précieuse — de son bien particulier. Parce que l'essence de l'homme a pour ce dernier raison de fin mais aussi de forme et d'efficience, et que cette essence est commune à tous les hommes dont chacun est l'individuation ineffable, alors l'essence de l'homme a raison de bien commun. Et dans cette perspective le bien commun est le bien de la nature humaine.

§ 6.5.1 Qu'en est-il de la cause formelle de la cité ?

La société ne serait pas sans l'homme, elle n'existe que parce que l'homme s'intègre en elle. Considérée en dehors des individus qu'elle unit, elle n'est qu'un être de raison.

En retour, l'homme individuel ne serait rien sans la cité. Le petit d'homme déjà ne serait rien sans ses parents qui le font vivre, mais ses parents eux-mêmes ne sauraient vivre humainement autrement qu'en cité, parce que les potentialités intellectuelles de l'homme ne s'actualisent qu'au contact d'autres hommes, dans l'échange verbal, et tout autant parce que ce dont un homme manque, il le trouve dans ce qu'un autre lui donne ; les hommes, bienheureusement inégaux afin d'être différents, et différents pour être complémentaires, s'enrichissent les uns les autres par leurs talents mutuels, mais par là font que chacun peut aller beaucoup plus loin dans le talent qui lui est propre, ce qui en retour favorise l'intersubjectivité féconde, c'est-à-dire la complémentarité qui derechef invite chacun à progresser dans la ligne des bienfaits que la nature lui a dévolus tout particulièrement. Cette action réciproque est telle que la cité est la mémoire et la somme d'un héritage culturel de richesses spirituelles et de biens matériels si précieux qu'aucun homme, fût-il exceptionnellement doué, ne saurait se les donner par lui-même ; il serait même incapable de restituer en qualité et en quantité autant que ce qu'il reçoit ; tout homme, en tant qu'il est animal politique, est un héritier, et sous ce rapport il est à l'égard de la société en position d'obligé. Chaque génération est l'héritière de siècles de labeurs. Sans la vie politique, la perfectibilité de l'homme resterait à l'état latent. Or cette perfectibilité est naturelle, donc la cité l'est aussi, elle est inscrite dans la nature de l'homme qui dégénérerait en bête s'il fuyait la cité. S'il existe une causalité réciproque entre l'individu et la cité, c'est que la cité et l'homme sont équivalents, au sens logique du terme (implication réciproque des deux termes), et toute équivalence entre deux choses désigne une identité « *secundum quid* ». Si l'homme n'est pas sans la cité qui n'est pas sans l'homme, c'est qu'ils sont identiques ou bien sous le rapport de leur matière, ou bien sous le rapport de leur forme. Mais ils ne sauraient être identiques sous le rapport de leur matière, car le corps de la cité, à savoir le peuple organisé, n'est pas le corps individuel de chacun ; ils sont donc identiques sous le rapport formel : ce qui, dans l'homme, est son âme a la même structure que ce qui, dans la cité, est son ordre. Selon l'intuition de Platon (*République*, IV), il existe trois « parties » ou fonctions de l'âme humaine : le *Noûs* ; le *Thumos*, l'*Epithumia*, soit : l'intellect, le « cœur » (une unité de l'irascible et de la volonté), et les désirs sensibles, auxquels répondent respectivement les vertus de sagesse, de courage et de tempérance, la vertu cardinale de justice étant la racine de toutes les vertus, en tant qu'elle est le principe qui maintient chaque partie de l'âme à la place qui lui revient : le courage n'est courage que si le *Thumos* est subordonné au *Noûs* et se fait, parce que réglé par la raison, le principe de régulation des désirs ; s'il en vient à dominer l'intelligence, il dégénère en témérité qui, bientôt, par méconnaissance aveugle et coupable de la dangerosité de ce qui est à combattre, en viendra à se convertir en lâcheté quand le mal à vaincre surgira et s'imposera. Mais la cité est composée des Sages auxquels il revient de commander, des Guerriers auxquels il revient de garder et de veiller, des manouvriers dont l'office est de produire afin de nourrir l'ensemble. Adalbéron de Laon, au Xe siècle, dans son *Poème au roi Robert* (Robert Ier, le grand-père d'Hugues Capet) parlera des « *oratores* », des « *bellatores* », des « *laboratores* ». Et Georges Dumézil parlera de la structure tripartite des sociétés indo-européennes. En tant qu'elle concerne l'économie de l'âme, la justice relève de la morale ; en tant qu'elle est relative à l'ordre de la cité, elle appartient au domaine de la politique. On voit que la cité est une espèce d'extériorisation subsistante de la structure de l'âme humaine, et telle est la **cause formelle** de la cité. Or *cette cause formelle se réalise dans, par et comme l'État, avec les lois qu'il instaure en vue du bien commun.* L'État n'est pas seulement le siège du gouvernement et l'ensemble des appareils bureaucratiques, il est la forme de la cité. Pour cette raison, il est immanent à toutes les parties de la cité, comme l'âme est immanente à chacune des parties du corps dont elle est la forme et l'acte. C'est pourquoi l'homme, en s'inscrivant dans la cité, s'éprouve comme étant « chez lui » en elle, et seulement en elle.

Si, comme on l'a vu, tout être est tel que son essence a raison de fin pour lui, il faut dire qu'un homme n'est pas doté d'une essence pour exister, car alors, l'essence ayant raison de moyen, peu importerait que l'on fût grain de sable ou esprit, pourvu que l'on existât. On existe pour faire se réaliser toutes les potentialités de son essence. Or l'essence humaine est plus adéquatement réalisée dans la cité que dans l'individu : un homme est médecin, l'autre philosophe, un autre encore agriculteur ; un être humain est masculin, l'autre est féminin ; et chaque manière d'être homme exprime excellemment quelque aspect de la nature humaine, cependant qu'un seul homme est incapable de les représenter tous. **Donc la raison première du Politique est le déploiement, la réalisation en acte des potentialités de la nature humaine.** La nature humaine est tout entière en chaque homme singulier, autrement un individu désigné comme humain ne serait pas pleinement homme ; mais elle n'est pas totalement en cet homme, autrement il n'existerait qu'un seul homme qui, tel un ange, serait toute l'humanité ; mais la puissance d'être cause définitionnelle de la nature humaine ne cesse de s'exercer, sans s'y épuiser, en chaque homme qui, sous ce rapport, est invité à s'excéder, ce qui se produit chronologiquement dans la génération : le vivant parvenu à maturité engendre, communique son espèce à ses rejetons, sous la pression de la causalité de sa nature en attente de se déployer autant que faire se peut ; mais cela se produit aussi synchroniquement dans la genèse de la cité en l'exposition de laquelle chaque homme reconnaît l'« extraposition » de son essence. **Il en résulte que la cité a raison de cause finale pour l'homme singulier.** Le bien commun de la cité, c'est la cité même en tant qu'elle déploie de manière ordonnée les richesses de la nature de chacun de ses membres. La fin de la cité, c'est sa forme même, c'est la cité en tant qu'elle est adéquate à sa forme idéale. Et c'est la fin des membres de la cité.

§ 6.5.2 Que, selon le vocabulaire de l'École, l'*esse* soit l'acte de l'essence, que donc il soit, si l'on peut dire, plus parfait d'exister que d'être un simple possible (fût-il sublime), cela ne signifie pas que l'essence se contenterait de recevoir l'*esse*, de le mesurer et de le diminuer en le recevant, ainsi d'exercer une opération *négative* de limitation de « quantité » ou d'« intensité » d'*esse*, comme si l'essence, quoique puissance de l'*esse*, ne déterminait pas son degré intrinsèque et *positif* de perfection, comme si donc l'acte d'exister n'était pas exercé pour réaliser les perfections de l'essence.

L'Aquinate enseigne qu'il en est de l'essence par rapport à l'*esse* comme il en est du coureur par rapport à la course ; ce n'est pas la course qui court, c'est le coureur ; et de même ce n'est pas l'*esse* qui est, c'est l'essence qui exerce l'*esse* ; et l'*esse* n'est reçu qu'en tant qu'il est exercé. L'acte de courir n'est que par l'agir du coureur qui produit son agir ; l'acte d'être de ce qui est, n'est que par l'essence qui l'exerce et qui, en un certain sens, le produit : « *forma dat esse rei* ». Pourtant, la forme est puissance de l'*esse*, et elle le reçoit, et c'est parce qu'elle le reçoit qu'elle est forme, car il faut *être*, pour être *quelque chose*. La forme est réceptrice de ce qu'elle produit, ce qui est contradictoire (elle doit être pour s'habiliter à recevoir son être, elle doit être avant d'être, d'une antériorité de causalité, elle doit donc être et n'être pas), sauf s'il est dit que la forme n'est pas la raison suffisante de l'*esse* qu'elle pose : elle reçoit ce qu'elle produit, sans contradiction, en tant qu'elle est *réflexion* ; est réflexion ce qui pose ce qu'il présuppose, ce qui en tant que posé est produit par soi-même en tant que posant, mais de telle sorte que le posant est l'effet du poser par lequel il est posé ; la forme reçoit ce qu'elle produit en ce sens qu'elle n'est pas la raison suffisante de sa réflexion, et c'est en cela que la contradiction est levée. Ce qui est la raison suffisante de sa réflexion est cette essence dont l'activité de poser son *esse* est corrélativement l'activité de se poser comme essence, et dans ce cas seul et unique l'essence est une même chose avec l'*esse*, mais elle n'est identique à l'*esse* que parce que cette identité, qui est identité à soi *réflexive*, ainsi identité se différenciant et indifférenciant sa différence, est assomptive d'une différence réelle. Pour cette raison, ce qui fut nommé « *esse* intensif » (Cornelio Fabro, tenu par certains pour le plus grand commentateur de l'Aquinate de tous les temps) n'est pas l'*esse* se surajoutant à l'essence, il est l'*esse* inclusif de toute la richesse *positive* de l'essence, ainsi de cette puissance de poser son *esse* ; il est en dernier ressort l'essence en tant que dotée de la puissance de se réfléchir. Il est cette puissance (active) de se réfléchir de l'essence, même en Dieu ; il la reçoit de Dieu quand il est créé. On notera au passage que refuser toute valeur positive à l'essence, laquelle est ce qu'il y a d'intelligible dans le composé hylémorphique, revient à ôter toute intelligibilité à l'*esse*, et l'on aboutit à ce qui fut nommé « apophatisme de l'*esse* ». Un tel constat a quelque chose d'éminemment frustrant, s'il est vrai que le propre du souci métaphysique est d'accéder à une connaissance de l'être en tant qu'être ; si l'*esse* est l'acte de l'essence, si donc il est le cœur de l'être, cependant qu'il échappe par nature à l'investigation conceptuelle, c'est qu'en dernier ressort la métaphysique est inachevée et inachevable. Elle demeure à jamais à l'état de projet, au point que l'acte de chercher en vient à se substituer à l'objet de la recherche. Mais par là l'ontologie dégénère en gnoséologie. On dira que l'être en tant qu'être est Dieu, qui est l'« *Ipsum esse per se subsistens* », et que l'ontologie se résout, pour s'y amuïr, en théologie naturelle dont le dernier mot est l'affirmation de Dieu ; mais si l'on ne sait rien de ce que c'est que l'acte d'être, si l'on ne dispose d'aucune manière d'accéder au sens de l'être en tant qu'*esse*, on ne sait strictement pas de quoi on parle en parlant de Dieu. On dira que Dieu est connu comme cause de Ses effets, et que la cause est superlativement riche de tous ses effets possibles ; encore faut-il que le principe de causalité soit analytique, ainsi que « l'être contingent est causé » soit une proposition telle que son prédicat est inclus dans son sujet ; mais il n'en est rien, car « l'être contingent est causé » est du même type que « le nez est camus » (jugement *« per se secundo modo »*) ; tout camus est nez, tout nez n'est pas camus ; il n'est pas contradictoire, aussi longtemps qu'on n'en appelle pas au principe de raison suffisante (rien n'est sans raison suffisante, et l'être en tant qu'être est raison de lui-même), d'affirmer qu'il existe du contingent sans cause. Il faut donc bien que la cause soit atteinte en elle-même pour être assuré que le contingent la reconnaît comme sa cause ; il faut bien que l'essence de l'*esse* soit conceptuellement saisissable pour que soit fondée la démarche selon laquelle Celui dont l'essence est une même chose avec Son *Esse* est déclaré cause du contingent, raison de son *esse*. Il doit bien y avoir un concept de l'être en tant qu'*esse* pour que l'ontologie soit possible, et, à travers elle, pour que les preuves rationnelles de Dieu soient fondées. Et la réponse à la nature de l'être par la voie de l'analogie suppose une certaine forme d'univocité. Quand on veut savoir, en effet, que l'être attribué à Dieu n'est pas de même nature que l'être attribué à l'homme, alors, si la voie par la causalité est fermée aussi longtemps que l'*esse* est tenu pour inconnaissable par concept, et que par là le principe de causalité n'est pas fondé sur le principe de raison suffisante (l'être en tant qu'être est raison de lui-même, et c'est pourquoi l'être qui n'est pas raison de lui-même a une cause), force est d'observer que ces deux attributions de l'être doivent être attestées comme différentes, que tout constat d'une différence suppose une comparaison, que toute comparaison exige des termes comparables, et qu'en dernier ressort ces deux acceptions de l'être doivent être référées à une même notion — univoque — de l'être : la doctrine de l'analogie de l'être présuppose, pour ne pas reposer sur une pétition de principe, un aspect d'univocité dans l'être. Ajoutons que si l'*esse* échappe à jamais au concept, si Dieu échappe à toute connaissance naturelle, alors aucun discours sur Dieu ne peut se prévaloir de faire accéder à Lui, pas même le discours que Dieu nous adresse dans Sa Révélation, puisque cette dernière emprunte, pour se formuler, aux mots et aux concepts humains supposés incapables de définir l'*esse* ; il en résultera qu'aucune Révélation ne pourra se prévaloir de posséder la vérité, et que toutes les religions se valent, ou bien qu'aucune religion ne vaut rien.

Il est aisé de s'apercevoir, cela dit, que la réticence aux audaces spéculatives supposée préserver la transcendance de Dieu et la mettre à l'abri de l'indiscrète convoitise des hommes, participe du même état d'esprit que ce surnaturalisme en morale, qui préfère abaisser la nature pour prévenir sa supposée propension à se complaire en elle-même et à se passer de la surnature. Que le meilleur puisse par accident engendrer le pire n'autorise pas à se méfier du meilleur, car le salut vient du meilleur et non du médiocre ; c'est dans le meilleur que gît le remède à son propre dévoiement ; préférer le médiocre au meilleur sous le prétexte que le meilleur peut se convertir en pire, c'est là l'attitude de Gribouille qui se jette à l'eau pour se protéger de la pluie.

§ 6.6.1 L'homme est par nature un animal politique.

On peut dès lors aborder la question de **la cause efficiente** de la cité.

La cause efficiente de la cité, on l'a vu déjà en fait (§ 6.4), est la nature politique de l'homme, immanente à tout homme. Mais le bien commun a aussi raison de cause efficiente de la cité (il est dit « diffusif de soi » autant comme cause efficiente que comme cause finale). Et cela n'a rien d'étonnant si l'on se souvient que le bien commun est la nature même de l'homme en tant qu'elle est réalisée collectivement comme forme de la cité.

La cause efficiente de la cité, c'est la puissance à faire être la société, puissance immanente à chaque homme, et elle est induite en lui par la présence du tout dont il sera la partie, ainsi du tout social mais sur le mode de nature humaine tout entière en lui quoique non totalement. Il est définitionnel de l'âme de l'homme de se faire, en lui, le principe de différenciation de ses parties, de ses organes et de ses puissances opératives (ses facultés) que cette même âme hiérarchise en prenant conscience d'elle-même en l'une de ces facultés, à savoir l'intellect, lequel commande aux autres facultés et aux organes dont elles sont l'âme. Ainsi, l'âme substantielle, comme principe de différenciation, contient en elle-même, tels les effets dans leur cause, la puissance d'obéir et celle de commander. Si la cité est « extraposition » de l'âme, le tout formel de la cité est nécessairement gravide des puissances de commander et d'obéir. Mais les hommes, dont la cité est la projection de leur intériorité essentielle commune, sont dans la cité comme ses parties organiques dont le propre est que chacune n'assume pas les fonctions des autres mais s'en tient à la sienne : des déterminations diverses (voire contraires) s'identifient dans leur puissance commune où elles se préfigurent, mais elles se différencient nécessairement les unes des autres dans l'être en acte. Donc il existe des hommes pour obéir et un homme pour commander.

§ 6.6.2 Ce que l'on reproche, à gauche, à l'organicité, c'est évidemment la subordination du moi sacro-saint (l'essence de la pensée de gauche est le subjectivisme) à l'impératif du bien commun. Ce que l'on reproche, à droite, à l'organicité — à tout le moins ce qui indispose les esprits investis dans mais aussi obnubilés par les mérites de l'idée monarchique —, c'est cette idée selon laquelle la cité, tel un être vivant, a en elle-même le principe de sa genèse, de sa croissance, de son renouvellement, de sorte qu'elle est autonome, ayant sa fin en elle-même ; est organique ce qui est vivant, est vivant ce qui a dans soi-même le principe de sa croissance, ce dont le mouvement est spontané quant à l'origine et *immanent* quant au terme. Par voie de conséquence, on redoute que la cité n'en vienne à se prendre pour fin, à se couper de l'origine *transcendante* et divine de l'autorité (toute autorité procède de Dieu), tantôt dans la forme d'une déification de la cité, tantôt dans celle d'une déification des membres de la cité : on tient l'organicité politique et l'exigence religieuse pour incompatibles et, privilégiant (comme il est naturel de le faire) l'exigence religieuse, on répudie l'organicité au profit d'une conception implicitement augustinienne du Politique.

Selon ce dernier point de vue, si l'homme n'avait pas péché à l'origine, s'il était demeuré dans un état d'intégrité naturelle, le pouvoir de l'homme sur l'homme n'aurait pas eu lieu d'exister, et ce pouvoir doit être pensé tels une sanction divine, un mal nécessaire, un principe régulateur douloureux de la vie humaine, un moyen de conjurer les débordements des passions, un instrument de lutte contre le péché, un appendice de la moralité. Le problème est que, dans cette perspective, à mesure que l'homme croît en vertu, l'autorité de l'homme sur l'homme devient, dans l'hypothèse, de plus en plus obsolète, de telle sorte que le régime qui convient à l'homme surnaturellement racheté et soigné est au fond, à terme, la démocratie chrétienne. Mais la démocratie chrétienne, en tant même que démocratie, n'est pour nous et pour toute personne honnête qu'une pétaudière égalitaire et subjectiviste saupoudrée de vertu, à moins qu'elle ne soit une oligarchie paternaliste et cléricale conjuguant le cynisme des exploiteurs capitalistes et la « bien-pensance » des familles bien vues de l'évêché dont elles remplissent les coffres en recevant sa bénédiction et sa caution. De plus, si l'autorité de l'homme sur l'homme est effet du péché, alors l'autorité n'est pas, prise en elle-même, naturelle, et cela fait de l'augustinisme politique une modalité du surnaturalisme : la grâce n'élève la nature qu'en la frustrant, ou en la violentant.

Le mouvement du vivre est immanent quant à son terme, mais il est aussi, nécessairement, *spontané* quant à son origine. Le vivant a en lui-même, pris comme tout, le principe de sa croissance, ainsi le principe de sa différenciation en parties et de son organisation interne. Si la société est analogiquement un vivant, si donc elle est organique, on sera tenté de penser qu'elle a en elle-même le principe de son organisation, ainsi de sa hiérarchisation ; or avant d'être hiérarchisée, la cause efficiente intestine à la société n'est autre que la nature politique de l'homme immanente à tout homme ; aussi pensera-t-on que si le peuple a le pouvoir de s'organiser lui-même, il a naturellement autorité pour le faire, et le monarchiste aura tôt fait de taxer l'organicité d'esprit démocratique. Le peuple aurait le pouvoir, la cité désorganisée se donnerait son organisation et son chef, la démocratie serait incontournable, avec tous les fléaux qui lui sont attachés : incompétence, libération de l'arbitraire des passions.

Il en est de la réticence à l'égard de l'organicité politique comme il en est de la réticence à l'égard de l'héliocentrisme : dans l'héliocentrisme, le monde a dans lui-même le principe suffisant de la pérennité de son ordre ; dans le géocentrisme, c'est Dieu qui en est plus manifestement le principe, du fait que l'univers n'a pas de principe immanent d'organisation, la Terre étant le centre de l'univers, mais son milieu le moins parfait, celui de la génération et de la corruption. Dans la perspective qui croit devoir privilégier le principe de la transcendance de l'autorité au détriment de l'organicité, le roi est le lieutenant de Dieu, son « tenant lieu », ce qui, pour le catholique, exige la théocratie au moins indirecte : l'Église est « Jésus répandu et communiqué », le pape est le vicaire du Christ, le pape est dépositaire de l'autorité divine qu'il délègue au roi. Mais, l'organicité étant répudiée, le bien commun l'est aussi. Il n'est le bien du tout et le meilleur bien de chacun, ainsi il n'est bien *commun*, que si le tout est immanent à ses parties, leur moteur *intérieur* (et non leur principe organisateur extérieur et subsumant), ce qui est l'organicité même. Si l'on adopte la théocratie, on est en plein surnaturalisme : l'homme naturellement animal politique se voit dépossédé de ses prérogatives naturelles du fait de l'intromission de la grâce ; ou bien l'homme, n'étant pas réputé tel un animal naturellement politique, vivra sa vocation communautaire et l'autorité qui la rend possible comme un châtiment, au mieux tel un remède amer. Et l'on sait les méfaits du surnaturalisme : la nature étant le sujet qui reçoit la grâce, exténuer la nature revient à exténuer la condition de réceptivité de la grâce.

De plus, solidaire du refus de l'organicité, l'esprit théocratique est ablatif de la recherche du bien commun intrinsèque au monde ; de ce fait, il réduit le Politique à l'instrument de la personne, il le subordonne au bien particulier vertueux ; il ne reconnaît pas à la Politique le statut aristotélicien de discipline architectonique. Que la foi s'estompe ou se refroidisse un tant soit peu, et on a là les conditions « idéales » du surgissement de l'insurrection démocratique : le tout restera ordonné à la partie, mais elle ne sera plus vertueuse. L'enfer est pavé de bonnes intentions, « les idées modernes sont des idées chrétiennes devenues folles » (Chesterton). La nature d'un être est sa fin, qui lui est immanente parce qu'elle est l'essence même de cet être : la fin de la génération (et de la régénération, qui s'exerce en permanence dans le vivant) est l'être accompli ; si la fin ultime de l'homme — qui est, pour le catholique, transcendante et surnaturelle (la vision de Dieu) — ne s'accomplit pas moyennant le respect de sa fin immanente, alors la vocation surnaturelle de l'homme est vécue comme contre nature ; la fin naturelle de l'homme pour le temps de sa vie terrestre est ce bien auquel il est rapporté et qui n'est autre que le bien commun politique ; si l'invitation religieuse à la fin surnaturelle répugne à se médiatiser dans le souci du bien commun immanent, alors le souci du Bien absolument transcendant et séparé, extrinsèque, qui est Dieu, sera vécu comme contre nature ; et un tel surnaturalisme ne peut être exercé longtemps, parce que la grâce présuppose la nature comme son sujet d'inhérence ; un tel surnaturalisme ne peut que faire couver malgré lui, par réaction, un naturalisme réactif et insurgé ablatif de l'ordre surnaturel. Et c'est bien, au reste, ce qui s'est historiquement produit.

§ 6.6.3 En vérité, que la cause efficiente de la cité soit immanente à tout homme n'implique nullement que le commandement de la cité appartiendrait à tous. Bien plutôt, ce fait proscrit l'idée démocratique. Mais il invite à retenir de la démocratie — si l'on y tient — l'idée que tous les hommes, même ceux auxquels est dévolue la fonction d'obéir, ont vocation à vivre de la vie même du tout, ainsi à collaborer activement, par la recherche de leur bien propre, à la réalisation du bien commun qu'ils visent au travers même de leur bien propre et qu'ils entrevoient telle la part la plus précieuse de ce dernier. La totalité est l'unité de l'unité et de la pluralité. Il n'est pas de totalité qui ne soit principe d'unité. Et parce que le tout (telle l'âme), comme principe d'unité (des parties du corps et des puissances opératives), est voué à prendre conscience de lui-même en l'une des parties ou puissances opératives de lui-même, alors l'extériorisation communautaire de ce tout, ou forme étatique de la cité, est elle-même vouée à prendre conscience d'elle-même, se conférant la vision d'une intelligence et la force d'une volonté, dans et comme la singularité et l'unicité du chef. La cause efficiente de la cité est la nature politique de l'homme immanente à tous les hommes de la même cité, en tant que cette puissance agissante, extériorisée, se scinde par nature en dirigeant et en dirigés, à la manière dont l'âme d'un homme se fait, en lui — sans cesser d'être immanente à tous les organes dont chacun vit de la vie même du tout —, conscience, intelligence et volonté dans l'unité d'un esprit personnel. Aussi le chef est-il ce qui personnifie l'État, il n'est pas l'État, et l'éventuelle dynastie dont il est issu ne l'est pas non plus ; seul l'État est pérenne et fait se renouveler ses propres parties, jusques à sa partie dirigeante.

Les esprits forts et en vérité spécieux prétendent, d'un air suffisant et entendu, réduire les nationalistes à quia en croyant les enfermer dans le dilemme suivant : ou bien (a) le roi et pas de démocratie, mais alors il doit y avoir ou monarchie absolue (l'autorité est providentiellement maintenue dans une dynastie), ou monarchie dans laquelle le constitutif formel de l'autorité sera le sacre (théocratie au moins indirecte), ou bien les deux ; ou bien (b) pas de roi et organicité, mais alors le pouvoir politique appartient primitivement au peuple qui le délègue à des chefs qu'il se choisit (selon par exemple les positions de Suarez et du cardinal Bellarmin), et donc il y a nécessairement souveraineté populaire.

Il faut répondre que ce qui est en effet en possession de la multitude, de manière inamissible, c'est la nature politique de l'homme, laquelle contient *en puissance* les fonctions d'obéissance et de commandement, qui *s'actualisent* dans l'éduction d'un chef — laquelle ne procède nullement d'une élection : il s'impose comme chef et est reconnu comme tel par le simple fait de son autorité naturelle et de ses services rendus — dont la légitimité n'est autre que le fait d'ordonner son pouvoir au bien commun.

§ 6.6.4 En notre temps de profonde décadence, les esprits sont désemparés et mal informés. Ils sont mal informés parce qu'ils sont mal formés : on ne prend en compte un fait, un événement, que s'il est marqué du sceau de l'importance causale, on ne retient pas (à juste titre) les faits mineurs, non déterminants pour l'avenir ; mais c'est la connaissance du sens de ce qui est en train de se produire qui permet de discriminer entre les faits importants et ceux qui ne le sont pas ; le sens de ce qui se déroule affleure en droit dans les faits qui se succèdent, mais il faut être idéologiquement éclairé pour saisir en même temps deux choses qui sont entre elles en relation de dépendance réciproque, qui donc ne peuvent être saisies qu'en même temps. Parce que la formation idéologique est en vérité une sagesse qui ne s'acquiert pas au pied levé, nos contemporains pressentant la catastrophe qui s'annonce sont particulièrement vulnérables aux discours réducteurs supposés radicaux et sans concession, en particulier quand ces discours peuvent se prévaloir d'une exigence religieuse, ainsi sacrée. Tel est le caractère des discours surnaturalistes et théocratiques. Les ecclésiastiques légitimement réactionnaires en religion, mais qui le sont aussi, moins heureusement, en politique, poussés dans leurs derniers retranchements, en viennent à parler de « monstrueux bicéphalisme » chaque fois que le Politique entend leur rappeler sa spécificité et son refus d'être réduit à un appendice du pouvoir papal. S'il est, selon eux, deux formes de souveraineté sur les mêmes sujets (sujets d'un prince et sujets de l'autorité du Souverain Pontife)

— l'une politique, l'autre religieuse —, alors la division s'instaurerait dans le gouvernement des hommes, le pouvoir temporel ne pourrait que se rebeller contre un pouvoir spirituel dont les bienfaits que ce dernier dispense sont pourtant la finalité dernière de l'ordre politique. Aussi serait-il impératif non seulement de subordonner le temporel au spirituel, mais de réduire le temporel à un appendice du spirituel : la politique serait une chose trop sérieuse pour être laissée aux hommes politiques ; et qui le contestera est une graine de moderniste, un libéral, un païen, un hérétique passible du bûcher, un vendu ou un infiltré, un suspect et un « *vitandus* »...

Faire sien un tel discours aussi révoltant qu'il se veut édifiant, c'est oublier que l'ordre surnaturel ne se substitue pas à l'ordre naturel, qu'il le présuppose et ne le surélève qu'en le soignant. Un père de famille a un pouvoir naturel immédiat sur ses enfants, qu'il tient de Dieu par sa nature humaine et non par la médiation de l'Église, cependant que, catholique, il est invité à placer ses enfants sous l'autorité bienveillante de l'Église. Si l'homme est bien par nature un animal politique, le chef d'État tient son autorité politique directement de Dieu sans la médiation de l'Église, tout comme le père de famille, puisque l'autorité politique n'est pas moins naturelle que l'autorité domestique. Que les bienfaits surnaturels aient raison de cause finale de la vie naturelle ne fait pas de l'Église la cause efficiente de l'ordre naturel. Que le pape soit vicaire du Christ ne le rend pas créateur de la Nature et des esprits finis : le Christ est Roi, possesseur des deux pouvoirs temporel et spirituel parce qu'Il est homme et Dieu ; mais le pape est seulement homme ; son statut de vicaire du Christ ne le rend pas maître de la nature humaine. Doté d'une autorité immédiate en matière de foi et de mœurs sur tous les baptisés, il peut inviter les peuples catholiques à se soustraire à l'autorité d'un mauvais chef politique, il ne peut pas créer le pouvoir du chef naturel, il ne peut le donner au chef naturel puisqu'il ne le possède pas. Il y a nécessairement bicéphalisme puisqu'il y a nature et surnature.

La surnature ne détruit pas la nature mais elle la soigne et la surélève dans le même acte. Elle la restitue à elle-même en la soignant, mais une nature libre restituée à elle-même est d'autant plus souveraine sur elle-même qu'elle est mieux soignée, d'autant plus maîtresse d'elle-même, enracinée dans son excellence propre, qu'elle est plus soumise à la grâce ; donc une nature libre surnaturellement reconstruite est d'autant plus invitée à se contre-diviser à l'ordre de la surnature qu'elle lui est plus fidèle et soumise ; ce qui revient à dire, en l'occurrence, qu'un pouvoir politique catholique est d'autant plus souverain dans son ordre propre qu'il est plus docilement catholique ; cela dit, enseigner que l'Église est dispensatrice de grâces sans lesquelles même l'ordre naturel est incapable de fonctionner de manière intègre, ce n'est pas dire que les hommes d'Église auraient vocation à diriger les chefs d'État, les pères de famille et les dépositaires de quelque autorité laïque que ce fût. Aussi longtemps qu'il y aura nature et surnature, il y aura bicéphalisme, au moins tout le temps de la vie terrestre. Cela certes complique la compréhension du rapport entre nature et grâce appliqué au rapport entre politique et religion, mais faire fi d'une telle complexité revient à spolier les deux ordres en croyant servir la religion.

Et que la puissance dont l'imperium du chef politique est l'acte soit immanente à tous les membres du peuple, cela garantit que la vie du tout dont le chef est la conscience de soi ou personnification soit aussi la vie des parties qui ainsi vivent organiquement parce qu'elles vivent de la vie du tout. Et c'est la condition requise pour qu'il y ait bien commun.

L'homme d'autorité est celui qui sait vouloir et agir de telle sorte que ceux auxquels il s'adresse reconnaissent, dans l'acte par lequel il leur ordonne quelque chose, un acte de mise en ordre que leur propre volonté aspirait à vouloir parce qu'il correspondait à la nature raisonnable — commune à tous les hommes — de leur volonté ; l'homme d'autorité est celui dont la voix est perçue tel l'écho de la volonté de Dieu. Si la puissance opérative dont l'actualisation est opérée par le chef d'État n'est pas tenue pour immanente à la multitude autant qu'elle l'est au détenteur de l'autorité, il n'y a pas d'organicité ; partant, il n'y a pas de bien commun puisque l'idée de bien commun est convertible avec l'idée d'organicité.

Les philosophes contractualistes ont inventé cette chimère qu'est la Volonté générale entendue comme résultante de volontés individuelles en acte, afin de justifier l'idée démocratique ; le peuple serait souverain, ce qui signifie que l'homme serait son propre maître qui ne se reconnaîtrait pas de maître humain parce qu'il ne se reconnaît pas de maître divin : c'est lui qui se veut divin en se voulant sa propre origine et sa propre fin. On ne peut se passer de la société à cause des avantages qu'elle rend possibles, et la société ne peut fonctionner sans principe d'unité, par là sans une autorité. Alors on invente cette « Volonté générale » supposée porteuse de toute souveraineté, et expressive de la volonté individuelle déifiée de chacun. C'est le spectre abominable de cette « Volonté générale », ablative de l'origine divine de tout pouvoir, qui effraie les bien-pensants dans l'idée de société organique. Mais cet effroi est infondé parce que l'immanence à tout homme de la tendance au bien commun, porteuse de la tendance à vivre en société, ainsi génératrice de la société même, n'est pas l'immanence à tout homme de l'autorité politique, comme on l'a vu. Si, par « Volonté générale », on entend la nature de la volonté humaine, c'est-à-dire cette nature idéale dont chaque volonté individuelle, dont l'usage est faillible, est une individuation contingente, alors il est permis de parler de « Volonté générale » dans une perspective organiciste, car cette nature volitive coïncide avec le désir naturel de société, lequel est aussi la puissance indifférenciée d'obéir et de commander, qui en s'actualisant se différencie en dirigeant et en dirigés, selon la césure obligée définitionnelle de tout ordre politique. Mais une telle « Volonté générale » ainsi comprise, est le véritable « *pons asinorum* » des bien-pensants s'essayant à la politique, de sorte que la crainte de monstres imaginaires induit chez les théocrates le refus de l'organicité ; ils travaillent contre leur propre camp en croyant faire œuvre pie, et ils sont de la dernière sévérité contre ceux qui dénoncent l'illusion d'optique dont ils sont les victimes complaisantes. Les échecs de restauration de l'ordre naturel et surnaturel que subissent les bien-pensants depuis plus de deux siècles ne les dessillent pas pour autant, ils les rendent butés et amers, et les confortent dans leur cécité ruineuse : « Le roi, les Bourbons, le Grand pape et le Grand monarque, le trône et l'autel, sinon rien, il n'est d'autre solution aujourd'hui que surnaturelle... » Il faudrait être obtus pour accéder à l'intransigeance.

L'idée de « Volonté générale » bien comprise rend possible cette participation active éminemment souhaitable de tous les membres de la communauté politique au bien commun. Cette participation, en tant qu'active, convoque leur responsabilité et leur pouvoir de décision, mais dans les seuls domaines où ils sont compétents : les règles de leur métier qui est leur devoir d'état. Il n'y a de démocratie recevable que limitée à la participation de tous les membres d'un même métier à l'organisation corporative du travail. Il n'y a de pratique démocratique recevable qu'à l'intérieur d'un régime qui n'est pas démocratique.

Résumons :

Si l'on aime un bien au point de mourir à soi-même pour lui, on s'accomplit dans l'acte de renoncer à soi-même, à la manière dont la chrysalide trouve son accomplissement dans l'acte de se convertir en papillon. Mais ce qui se convertit en un être supérieur procède de ce en quoi il se convertit : la chrysalide est née d'un papillon. En termes techniques, l'aimé est « sursomption » (« *Aufhebung* ») de l'aimant, et l'aimant procède de l'aimé ; si l'aimant tend vers l'aimé dont il procède, c'est que l'aimé se veut en lui et que l'aimant l'aime en se rapportant à lui. Que la cause efficiente de la cité soit la nature politique de l'homme immanente à tout homme, cela est condition du bien commun : ce qui fait qu'il y a société œuvre en chacun, la société se veut en chacun, le tout se fait poser par les parties en lesquelles il se différencie, il se fait vivre de ce qu'il fait vivre, ce qui est l'organicité ; mais si l'autorité est la conscience de soi de la volonté de société, ainsi la conscience de soi du tout, et si ce tout s'anticipe en chacun, on sera tenté d'être démocrate en faisant de chaque individu la conscience de soi du tout. En vérité, le désir de société est désir d'obéir et de commander, car la force qui fait qu'il y a société est ce double comportement ; et ces deux formes de désirs, contraires, s'identifient dans l'être en puissance, ce sont deux formes d'actualisation du même désir susceptible d'être diversement actualisé, et le désir de commander s'actualise dans le chef ainsi posé par ses talents personnels, par la reconnaissance d'autrui, par sa position dans telle ou telle circonstance qui le révèle en sa vocation à diriger ; et le désir d'obéir est actualisé par la volonté du chef. Il doit y avoir reconnaissance d'autrui, pour que soit attesté le fait que l'imperium du détenteur de l'autorité est bien l'actualisation d'un désir de société immanent à tous ; mais cette reconnaissance est obtenue de gré ou de force, elle est explicite ou tacite, elle n'est pas le fondement de la souveraineté, elle est l'épreuve obligée de son effectivité.

§ 6.7 La nation, cause matérielle de la cité

Il reste à évoquer la *cause matérielle* de la cité. La cité est un produit de l'art humain, le plus noble de tous en vertu de la sublimité du bien qu'il convoite (un bien essentiellement commun), mais tout autant à cause de la dignité éminente de la matière sur laquelle il opère : des personnes. Agissant avec art, on ne fait pas n'importe quoi avec n'importe quoi, encore faut-il que la matière choisie soit susceptible de recevoir sa forme adéquate. La cause matérielle de la cité est précisément la **nation**, qui dit certes la terre des pères (la patrie), l'héritage culturel et biologique (ce dont on naît), mais aussi **une certaine manière normative d'être homme, une manière exemplaire ou paradigmatique d'être homme**, ainsi une matière déjà informée : un patrimoine biologique déterminé, une histoire commune, des intérêts communs, une culture commune, **la conscience d'une unité de destin, d'une « unité de destin dans l'universel »**, comme l'enseignera José Antonio Primo de

Rivera, c'est-à-dire une prédisposition à s'organiser en État, en cet État dont la forme est comme l'« extraposition » de l'âme humaine. **La nation est à l'État comme la matière est à la forme : comme la puissance est à l'acte.** Mais la matière informée et la forme individuée sont, *in concreto*, une seule et même chose, et c'est là l'État national ou la Nation organisée. Plusieurs nations peuvent en droit être informées par un seul État, contre le principe jacobin et égalitaire des nationalités. En fait, les nations ne sont pas égales, et l'idée coloniale n'est pas intrinsèquement mauvaise, même si notre entreprise coloniale française fut menée sous de faux principes qui étaient gravides de son échec. Mais on voit mal qu'une même nation puisse être éclatée en plusieurs États, s'il est vrai qu'une nation est une *unité* de destin : ce qui est un par nature est indivisible, à tout le moins répugne à la division.

D'un point de vue purement nominal, Jacques Ploncard d'Assac entend par « nationalisme » ce qui est anti-internationaliste, ainsi ce qui est au fond antimondialiste. Le mondialisme est primitivement d'origine jacobine, comme le révèle le triste texte suivant :

« L'Assemblée constituante, considérant que le droit d'aubaine est contraire aux principes de fraternité qui doivent lier tous les hommes, quels que soient leur pays et leur gouvernement ; que ce droit, établi dans des temps barbares doit être proscrit chez un peuple qui a fondé sa constitution sur les Droits de l'Homme et du Citoyen (DDH), **et que la France doit ouvrir son sein à tous les peuples de la terre, en les invitant à jouir sous un gouvernement libre des droits sacrés et inviolables de l'humanité**, a décrété et décrète ce qui suit : "le droit d'aubaine et celui de la détraction sont abolis pour toujours" » (*Décret du 6 août 1790*).

Comme il est aisé de s'en apercevoir, l'essence de la nation française serait l'adhésion aux DDH, dans une perspective qui réduit la société à un contrat : on n'entre en société que parce qu'on y a intérêt, elle n'est pas naturelle mais issue d'une décision intéressée. Elle n'est pas un héritage ou l'objet d'un devoir de piété filiale, mais le résultat d'un marchandage. Et parce que les idéologues inventeurs des DDH étaient des individualistes (Locke, Rousseau), alors seule une société fondée sur les DDH conviendrait vraiment à l'homme. De ce que tout homme est une conscience et une liberté, alors tout homme serait comme sommé d'épouser les DDH ; Rousseau dit dans le *Contrat social* qu'on forcera l'individu d'être libre. Mais si l'homme est réduit à sa conscience et à sa liberté, il n'est aucune détermination particulière, entre l'individu pur et l'universalité de la condition humaine, qui puisse faire se différencier la communauté humaine : en droit, une société fondée sur les DDH a vocation à s'identifier tôt ou tard à la communauté humaine tout entière. Et c'est bien ce qui est enseigné par les Constituants puis les Jacobins ; c'est aussi ce qui est développé par l'hégémonie anglo-saxonne, et ce qui fut tenté par l'universalisme marxiste. Par là, l'idée même de nation est volatilisée, elle est essentiellement prohibée. Dès lors, si l'on est antimondialiste, on ne peut qu'être nationaliste, au sens où l'entendait Jacques Ploncard d'Assac.

§ 7.1.1 Nation et nationalisme

Mais que peut avoir de spécifique et d'excellent la doctrine nationaliste, parmi toutes les philosophies politiques recevables, à savoir les philosophies politiques du bien commun ? Ceci : une certaine définition du bien commun, plus complète que les autres. Et notre propos est ici de mettre en évidence cette définition exhaustive et adéquate du bien commun. Nous procéderons en trois temps.

Premièrement, nous montrerons qu'il y a corrélation nécessaire entre nation entendue comme ce dont on hérite et dont on ne décide pas, et existence nationale nécessairement particulière, c'est-à-dire nation *parmi d'autres nations*. En d'autres termes, si une nation en vient à s'étendre à la communauté humaine tout entière, elle change de nature, elle n'est plus un héritage et un idéal normatif, elle est le résultat résiduel et contingent de la conjugaison des égoïsmes, des volontés purement privées.

Deuxièmement, nous essaierons d'établir qu'on ne peut sans incohérence se dire nationaliste sans poser la question religieuse. Par voie de conséquence, il n'est pas de philosophie du bien commun qui ne soit corrélative d'une philosophie du Souverain Bien.

Troisièmement, nous tenterons de résoudre la problématique suivante : **comment articuler harmonieusement le souci d'un bien commun, c'est-à-dire d'un bien qu'on aime en lui étant rapporté, c'est-à-dire encore souci d'un bien qui a raison de *cause finale*, et souci d'un Souverain Bien qui, par définition cause finale, risque de faire du bien commun politique un bien subordonné, instrumental, ainsi un moyen et non une fin ?**

Et la réponse à cette question — **laquelle est peut-être la grande question qui fait se diviser contre elle-même et depuis toujours la famille politique de la Droite** — est précisément la **conception nationaliste de la nation**. Même un Maurras, nationaliste et monarchiste, ainsi même un homme dont le louable souci fut de repenser la monarchie en dégageant son principe de l'esprit théocratique et providentialiste, en est venu à enseigner que son fameux apophtegme « politique d'abord » concerne une priorité qui relève de l'ordre du temps, non de l'ordre de la causalité ou de l'importance : la politique vient avant le reste parce qu'elle est la plus urgente, non parce qu'elle aurait raison de fin ; et dans ce cas l'Économique, la prospérité des Métiers, la vie paisible des familles, des paroisses et des régions, l'emporteraient en importance sur la valeur de l'ordre politique en tant que tel. Ce qui revient — osons l'affirmer non pour blesser gratuitement mais sans crainte de blesser utilement — à détruire la notion même de bien commun en exténuant la spécificité organique du Politique. Il y a bien commun seulement s'il y a « *Volksgeist* », c'est-à-dire Volonté générale entendue comme présence de la volonté *du tout* (au génitif sub-jectif) aux parties, à l'intérieur d'une communauté nationale de destin. Que l'origine allemande de ce concept puisse susciter l'ire latine du Maître de Martigues et de ses disciples ne doit pas nous donner le sentiment de trahir notre patrie : ce n'est pas en tant qu'il est allemand qu'un tel concept est nécessaire, c'est en tant qu'il définit une réalité incontournable et vaut pour toute nation en tant que nation.

Nous reprenons donc ces trois points.

§ 7.1.2 Il n'y a « nation » que s'il y a *des* nations.

Il y a corrélation nécessaire entre nation entendue comme ce dont on hérite et dont on ne décide pas, **ainsi** nation entendue au sens nationaliste du terme, et existence nationale nécessaire-ment particulière, c'est-à-dire nation *parmi d'autres nations*. En d'autres termes, si une nation en vient à s'étendre à la commu-nauté humaine tout entière, elle change de nature, elle n'est plus un héritage et un idéal normatif, elle est le résultat résiduel et contingent de la conjugaison des égoïsmes, des volontés pure-ment privées, la construction volontariste d'une condition humaine que l'homme déifié s'invente pour se créer en elle. En effet :

De manière générale, par ses accidents, une substance mani-feste du mieux possible les richesses de l'essence dont elle est l'individuation ; mais elle n'y parvient jamais complètement, précisément parce qu'elle n'est qu'une individuation parmi d'autres de cette essence. Sa nature est tout entière en elle, mais elle n'y est pas totalement. La substance est la forme entendue comme acte de la matière, en tant que prise avec la matière dont elle est l'acte. Cette forme individuée pose en elle-même des accidents en lesquels elle s'actualise puisque tout accident est actualisation de la substance ; pourtant, ce qu'elle pose en elle-même à titre d'accident, ce sont des puissances opératives, des facultés qui ont elles-mêmes vocation à s'actualiser dans et par leurs opérations. Si la substance, qui est *acte* par sa forme, se

perfectionne en posant des *puissances*, c'est qu'elle fait s'antici-
per en elles, s'y reniant en tant que forme, les actes en lesquels
elle s'explicite en tant que substance formelle ; ce qui revient à
dire que la substance se perfectionne en s'identifiant réflexivement à elle-même par la médiation de ses puissances et actes
opératifs. Ce faisant, elle tend de manière asymptotique à
s'identifier à son essence. Si la substance n'est qu'une individuation non exhaustive de son essence, en contrepartie ses actes
opératifs font retour à elle de manière seulement inchoative ;
s'ils faisaient retour à elle de manière exhaustive, la substance
coïnciderait avec sa forme spécifique, et elle serait son espèce, à
la manière d'un ange en lequel son essence se réalise non seulement tout entière, mais encore totalement ; la substance serait
gravide de tous les accidents explicitant son essence, de sorte
qu'elle épuiserait son essence dans sa singularité. Il reste que
l'actuation des puissances opératives, comme retour inchoatif à
l'essence, a valeur de paradigme puisque l'accident a valeur
d'acte de la substance, ainsi de perfection. Dans le même ordre
d'idée, que la féminité ne soit qu'un accident de la nature
humaine n'empêche pas cette féminité, prise idéalement,
d'avoir raison de paradigme pour toutes les femmes. Il en est de
même pour l'esprit d'un peuple par rapport aux membres de ce
peuple, pour autant qu'un tel esprit soit une explicitation effective de la nature humaine, et non une déviation culturelle infi-
dèle à sa norme naturelle. Mais chaque manière d'être accidentelle est nécessairement diverse, puisqu'elle n'atteint pas, se
contentant d'y tendre, l'essence par réflexion ; de même, la
féminité est impuissante à exprimer le tout de la nature
humaine, puisqu'il existe aussi une autre manière excellente
d'être humain, à savoir la virilité. Donc les modes accidentels
d'actuation de la substance n'actualisent l'essence individuée en
cette substance que de manière nécessairement partielle, diffé-
rente pour chaque substance, cependant que chaque manière
accidentelle de perfectionner une substance, par là qu'elle se
reconnaît un idéal dans son ordre propre (la féminité pour toutes
les manières singulières d'être femme), reconnaît en lui une

norme qui a raison de paradigme pour cette substance. Or les manières d'être nationales sont à la nature politique de l'homme comme le sont les accidents d'une substance à l'essence de cette substance. Puis donc qu'une nation est une manière d'être homme, il y a nation seulement s'il y a *des* nations.

Est universel ce qui non seulement vaut pour tous, mais encore ce qui a raison de principe en chacun, c'est-à-dire ce qui cause en lui ce qu'il a de particulier. Adam et Ève sont humains, la nature humaine est tout entière et non totalement en chacun d'eux, et ce qui cause la féminité d'Ève ou la virilité d'Adam est cette même nature humaine, laquelle est potentiellement riche de toutes les manières particulières de se réaliser ; elle est leur puissance *active*. Si l'universel était une détermination indépendante des déterminations particulières, qui dans ce cas s'ajouteraient extrinsèquement à elle, alors le particulier et l'universel seraient juxtaposés, mais de ce fait ils feraient partie d'un tout, ils formeraient un tout dont chacun serait une partie, ce qui réduirait l'universel à quelque chose de particulier, et c'est là une contradiction ; de même, si le bien commun était séparé des biens particuliers, non investi en eux comme leur raison d'être, il serait juxtaposé aux biens particuliers, il s'ajouterait extrinsèquement à eux, et serait lui-même un bien particulier. Donc l'universel n'est pas indépendant du particulier, il ne subsiste que dans et par son processus de particularisation (c'est en cela que « *omnis determinatio negatio* »), et en retour le particulier n'est qu'un mode de particularisation de l'universel. Si, par exemple, ce à raison de quoi un individu est homme, est indépendant de ce à raison de quoi il est mâle, alors virilité et humanité subsistent juxtaposées dans un sujet qui, comme individu, ne sera pas l'individuation d'un universel, mais un troisième terme ayant vocation à être complété par des déterminations qu'il recevra extrinsèquement ; de soi, il sera parfaitement indéterminé (il ne sera rien de ce qu'il est supposé se contenter d'avoir) ; mais alors, puisqu'il s'agit d'un humain, on sera contraint de le penser tel un sujet réduit à sa conscience et à sa liberté ; il sera un moi sans qualités, une pure subjectivité ; il sera un pur pouvoir de s'autodéterminer, une liberté définie comme indétermination pure, par là *sans nature normative* ; il ne se pensera comme doté d'une nature que s'il se la donne, se la choisit, la construit à son gré, et une telle nature n'aura plus rien de normatif. Si donc une nation particulière en vient à se substituer à toutes les autres en les dissolvant en elle, ce qui serait l'État mondial, elle devient un universel exclusif du particulier, puisqu'elle universalise sa particularité en supprimant toutes les particularités ; or un universel exclusif du particulier se résout dans le statut d'une pure conscience ou d'une liberté sans norme qui se donne ses déterminations et ne se reconnaît aucune norme, ce qui est l'individualisme généralisé ; un État mondial ne peut être qu'un conglomérat d'individus absolutisés, déifiés, par là foncièrement hostiles les uns aux autres : des petits dieux dont chacun prétend être Dieu ont beaucoup plus de mal à se supporter que les dieux anthropomorphes du Panthéon païen. Ainsi : il n'y a *nation*, au sens de manière excellente ou paradigmatique d'être homme, que s'il y a *des* nations.

On pourrait certes rétorquer qu'il n'est pas contradictoire de concevoir une « nation-monde », un monde se donnant une forme nationale unique et donc universelle de détermination culturelle et ethnique qui serait comme la synthèse du meilleur de toutes les nations passées et présentes, et dont les mégalopoles cosmopolites contemporaines sont décrites par certains comme autant de préfigurations. Mais cela est impossible, parce que cela reviendrait à promouvoir historiquement, de manière incarnée ou spatio-temporelle, une forme d'existence de la nature humaine en état de maîtrise exhaustive de toutes ses potentialités. Mais une incarnation de la nature humaine en possession de la réalisation en acte de toutes ses virtualités, cela revient à faire subsister la nature humaine tout entière et totalement en une seule entité, et c'est là le propre des natures angéliques : un ange est son espèce, il n'est pas une individuation parmi d'autres possibles de cette espèce. Si donc l'humanité en vient à se donner une forme d'existence communautaire unique, cette dernière ne peut être que le substitut construit de l'impossible mode d'existence angélique de l'homme.

Carl Schmitt montre dans le même ordre d'idée qu'est souverain celui qui décide de la situation exceptionnelle, ou de la situation d'exception ; c'est celui qui peut interrompre le cours impersonnel de règlement des comportements et des conflits sociaux, c'est-à-dire celui qui peut suspendre l'application des lois ordinaires. Il est souverain parce qu'il est au-dessus des lois (lois positives, non lois naturelles, qui sont intangibles parce qu'elles sont divines et servent de normes à l'élaboration des lois positives). Mais la situation d'exception par excellence est celle de la déclaration de guerre, où le peuple risque son existence. Est donc souverain celui qui peut déclarer la guerre. Dès lors, il y a souveraineté seulement s'il y a ennemi, ou possibilité d'ennemi, de sorte que la paix a toujours la forme d'une victoire opérée sur la possibilité de la guerre. Mais il y a État, ainsi pouvoir proprement politique, seulement s'il y a souveraineté, ainsi possibilité d'ennemis. Or dans un État mondial ablatif de toutes les particularités nationales, il n'y a plus d'ennemi ; donc il n'y a plus de raison politique, il y a administration tentaculaire ; Marx prônait déjà le dépérissement de l'État. Et le mondialisme financier est en train de consommer les vœux de Marx : toute la fortune mondiale est concentrée en quelques mains de banquiers à vision du monde judéo-maçonnique, qui envisagent ainsi de supprimer la propriété privée (ce qu'on appelle « propriété privée » est aujourd'hui suspendu au bon vouloir des banques qui ont usurpé le pouvoir régalien de battre monnaie, et qui peuvent faire varier la valeur des propriétés à leur gré : les propriétaires ne le sont que nominalement) pour lui substituer un droit temporaire et révocable d'user d'un bien qui par là n'est plus vraiment possédé. Et sous ce rapport, il ne reste plus que des consommateurs de biens matériels qui ne renvoient chacun qu'à lui-même ; il ne demeure plus d'hommes régis par un idéal national. CQFD.

Hegel faisait observer à bon droit qu'à chaque époque de l'histoire universelle, une nation particulière assume en quelque sorte le rôle de porteur et de révélateur de l'esprit du monde, exerce ainsi dans sa particularité même une fonction universelle, la révélation de la conscience de soi de l'humanité entière à un moment donné. On ne saurait douter de la pertinence de ce constat, mais il faut ajouter aujourd'hui qu'il est vrai même quand l'esprit déserte le monde ; l'esprit du monde actuel est l'esprit d'un monde sans esprit, et c'est l'abominable nation états-unienne qui s'en fait le héraut. C'est pourquoi le mondialisme a trouvé en elle les conditions infrastructurelles de sa diffusion. Guy Sorman, libéral impénitent, le rappelle indirectement dans un ouvrage intitulé *Une belle journée en France* (Fayard, 1998), et contenant quelques intuitions de qualité au milieu d'un flot d'erreurs banales :

« — Mc Monde instaure un nouvel empire qui n'est pas que militaire, économique, diplomatique ou matériel ; il détruit nos vieilles croyances et les remplace par des stars, idoles de la religion kitsch.

— Mais les Américains sont chrétiens ! proteste Constant (le fils du narrateur). Ils croient tous en Dieu. Tu as remarqué, quand nous étions là-bas en vacances, il y a des églises partout…

— Certes, mais des églises et des temples où se pratique une religion bizarre ; celle-ci s'affiche comme chrétienne, mais ni les prêtres, ni les pasteurs, ni la communauté des fidèles n'y tiennent une place éminente, à l'inverse de ce qu'il en est en Europe. Les Américains, qui changent d'église aussi souvent que de voiture, déclarent tous prier, mais prétendent aussi dialoguer en tête à tête avec Jésus : "Jésus m'aime et me parle…", "Je l'ai personnellement rencontré…", "Dieu me parle et je parle à Dieu…" Telles sont les expériences que le commun des Américains se persuade de vivre. Au terme de pareils épisodes religieux, *chacun se ressent comme étant lui-même une parcelle de divinité* : cette forme de mysticisme s'appelle *la gnose* et fut dénoncée à ses débuts par l'église chrétienne. »

Le matérialisme consumériste des États-Unis est non pas la cause mais l'effet ou le moyen de ce gnosticisme ; on se vautre dans l'inflation des biens matériels parce que ce sont des biens qu'on peut aimer en les rapportant à soi, en s'intronisant cause finale ultime de ses propres désirs, ainsi en se déifiant. La raison du matérialisme radicalisé, c'est le subjectivisme entendu telle la déification de l'homme ayant entrepris de se donner un mode d'existence angélique en substantifiant la société ; parce qu'il se *donne* son mode d'existence, il se construit et se fait cause de lui-même, cause première et donc divine. Il n'est pas inutile de rappeler que le néo-conservatisme américain, ce « wilsonisme botté », messianique, interventionniste, aspirant à faire de l'Amérique le modèle du monde, fut fondé par le Juif Irving Kristol, « ancien » trotskyste comme tant d'autres de la même mouvance, qui opéra le rapprochement entre les Juifs et le sionisme « chrétien » millénariste de la « droite » évangéliste ; ce mouvement commença à faire parler de lui dans le mensuel juif new-yorkais *Commentary*, publié par l'*American Jewish Committee*. Et ces informations corroborent pratiquement ce qui vient d'être spéculativement développé :

Dans l'État mondial, personne ne possède rien, c'est le tout qui les possède tous mais, chacun se voulant la conscience de soi du tout, chacun sous ce rapport possède le tout et est le tout. Jean-Jacques Rousseau enseignait déjà : « Celui qui ose entreprendre d'*instituer*[1] un peuple doit se sentir en état de *changer pour ainsi dire la nature humaine*, de transformer chaque individu qui, par lui-même, est un tout parfait et solitaire, en partie d'un plus grand tout *dont cet individu reçoive en quelque sorte sa vie et son être* ; d'altérer la constitution de l'homme pour la renforcer [...]. Il faut, en un mot, qu'il ôte à l'homme ses propres forces pour lui en donner *qui lui soient étrangères, et dont il ne puisse faire usage sans le secours d'autrui. Plus ces forces naturelles sont mortes et anéanties, plus les acquises sont grandes et durables, plus aussi l'institution est solide et parfaite* ; en sorte que *si chaque*

---

[1] Un peuple est institué artificiellement : il y a refus de l'homme comme animal naturellement politique ; le « Législateur » est prêtre de la nouvelle religion de l'homme, instance inavouable qui contredit l'égalitarisme du système pour l'instaurer et le rendre viable.

individu n'est rien, ne peut rien que par tous les autres, et que la force acquise par le tout soit égale ou supérieure à la somme des forces naturelles des individus, on peut dire que la législation est au plus haut point de perfection qu'elle puisse atteindre » (*Contrat social,* II, 7). Il s'agit évidemment de l'État totalitaire entendu comme tyrannie de tous sur tous, comme consommation radicale de l'esprit démocratique, qui substantifie la société en réduisant l'individu à néant, mais afin de promouvoir et même de déifier l'individu en lui donnant comme statut substantiel de substitution celui-là même de la société supposée, elle, créer l'homme. Et parce que la société n'est de fait jamais substance, mais dépend de ceux qu'elle intègre, alors, en lui donnant le pouvoir de créer l'homme (c'est-à-dire « l'homme nouveau »), on signifie par là que l'homme devient créateur de lui-même, que sa souveraineté est absolue : tel est l'idéal du communisme, qui consomme les promesses de la démocratie inspirée de Rousseau. Parce que des petits absolus sont nécessairement égaux, ils doivent le devenir pratiquement, progressivement, non seulement quant aux droits mais dans les faits. On ne se vide de soi-même, on ne s'aliène dans le tout que pour s'identifier au tout en se remplissant de lui, et on se remplit de lui pour le rapporter à soi. L'anti-nation états-unienne, la « Nouvelle Jérusalem », n'est pas encore l'État mondial mais elle le prépare. Le mouvement dialectique à raison duquel on s'aliène dans le tout pour se le subordonner se transcrit par le mouvement dialectique à raison duquel on absolutise le principe de la propriété privée (au point de faire de cette richesse privée le maître des États, garants et opérateurs privilégiés, en situation normale, du bien commun) pour le faire se convertir en collectivisme.

Le mondialisme est une monstruosité morale et une impiété. Mais ce qu'il y a de spéculativement ignoble dans le mondialisme, c'est qu'il parvient à récupérer à son profit le caractère essentiel de la noblesse de l'organicité : faire que le tout vit des parties qu'il fait vivre ; la société n'est pas substance et ne doit pas l'être, mais en tant qu'organique elle fonctionne comme une substance, elle a fonctionnellement raison de substance, et elle doit y consentir pour être finalisée par le bien commun. La véritable organicité est le plébiscite de la subordination de l'individu à son essence qu'il reçoit comme un donné et une norme morale ; le mécanisme individualiste de la société contractualiste ou libérale est la déconstruction de l'organicité au profit de l'individu ; le mondialisme parvenu à son terme est la reviviscence de l'organicité, mais inversée quant à ses fins, c'est-à-dire destinée à déifier l'individu : *être* son essence à la manière d'un ange, afin de se soustraire à la condition humaine d'individuation contingente et limitée d'une essence commune à tous, mais être son essence *construite* pour se donner le sentiment d'être créateur de soi, ainsi pour se déifier ; et ce monstre parvient à l'existence en réduisant l'essence humaine à la société mondiale, qui doit être mondiale pour être une, et qui doit être une pour que chaque subjectivité s'arroge le privilège d'être le tout prenant conscience de soi en elle. Si, dans le processus de la décadence — laquelle obéit à une certaine logique —, le libéralisme individualiste ou atomistique est la médiation entre les sociétés d'ordre et le mondialisme, si donc l'organicité est enrôlée — mais en étant dévoyée — à des fins individualistes, l'apparence d'organicité que l'on peut discerner dans le rousseauisme a pu séduire — à tort — certains esprits contemporains épris d'une compréhensible nostalgie pour l'appétit du bien commun.

§ 7.1.3 Mondialisme et communisme

L'État mondial est nécessairement communiste : étant antinational, il est antipolitique ; s'il est antipolitique, il est économiste ; mais s'il n'existe pas d'État pour réguler l'économie en l'ordonnant au bien commun, cette économie engendre, livrée à elle-même — par le jeu de la concurrence et la pratique séculaire du prêt à intérêt, par son pouvoir exorbitant d'en venir à battre monnaie à la place des États —, une concentration des richesses maximale qui supprime l'économie elle-même en tant qu'elle supprime les échanges ; en supprimant les échanges, elle supprime la propriété privée, non seulement en ne laissant rien aux exploités, mais en contraignant le noyau restreint des derniers propriétaires eux-mêmes à se convertir en puissance administrative ; l'argent se fait État après avoir détruit les États, mais État collectiviste, ainsi dans la forme d'un capitalisme d'État.

Une telle observation n'est fondée que si les prémisses le sont ; on tient, pour prémisse du raisonnement ici proposé, qu'un État n'est véritablement politique que s'il est national. Au vrai, la chose n'est pas encore logiquement acquise ; elle ne le sera qu'au terme de la démarche ici inaugurée au § 7.1.1. **On voudra bien cependant dès à présent prendre acte du fait suivant : la raison d'être du Politique, à savoir le déploiement, selon une modalité collective, de toutes les virtualités de la nature humaine, prend historiquement et logiquement la forme du déploiement, en et par chaque communauté politique, d'une certaine manière exemplaire d'être humain ; or cette manière particulière d'être humain est un degré (et il y a autant de nations que de degrés) du processus d'extériorisation temporelle de l'intériorité essentielle de l'homme, ainsi de sa nature.** Donc il y a vie politique si et seulement si il y a vie nationale, et le refus de toute vie nationale est bien un refus du Politique lui-même.

§ 7.1.4 Augustinisme politique, nature et surnature

La chose est évidemment contestée par les partisans de l'augustinisme politique, pour qui la vocation du Politique n'est nullement d'actualiser sur un mode communautaire les potentialités de la nature humaine, mais de réprimer le péché. Il est temps d'aborder la question du point d'articulation entre immanence et transcendance, c'est-à-dire le problème de l'harmonisation entre une vocation qui rive l'homme à la vie terrestre, et une vocation qui l'en arrache ; ce problème recoupe partiellement celui du rapport entre nature et surnature. Le problème du rapport entre nature et surnature est le suivant : si la nature d'une chose est sa fin, si la grâce surélève la nature au point de lui assigner une nouvelle fin, à quelle condition la surnature n'est-elle pas contre nature ? Comment parvient-elle à soigner ce qu'elle semble bien violenter ? Le problème du rapport entre vocation terrestre et vocation céleste, entre vocation immanente et vocation transcendante de l'homme, est le suivant : si la fin terrestre de l'homme est le bien commun politique auquel l'homme s'ordonne, et que donc il aime mais en lui étant rapporté, d'où vient qu'il soit invité à quitter le service de ce bien pour s'ordonner à la Vision de Dieu, fin ultime de l'homme ?

Le délicat problème du « point de suture » entre nature et grâce ne sera pas traité ici. Nous nous me contenterons, l'ayant traité ailleurs, de rappeler ceci :

Le fini ne peut s'infinitiser sans cesser d'être fini, la nature ne peut être déiformée sans cesser d'être nature, que si le fini a la forme d'une réflexion, ainsi d'une négation de négation, d'un retour à soi à partir de sa démesure intestine, car alors, ayant la forme d'une victoire sur l'indéfini, il laisse ouverte en lui cette dimension d'inachevé dans laquelle peut gratuitement le ressaisir, sans le bouleverser, la grâce recréatrice. L'Infini peut s'approprier au fini, la grâce (la surnature qui est la nature même de Dieu) peut se donner à la nature sans cesser d'être surnature, si et seulement si l'Infini actuel a lui aussi la forme d'une réflexion, d'une victoire sur le fini — dont la radicalisation est l'indéfini, la puissance pure —, car alors, contenant superlativement, selon son mode propre qui n'est pas celui de la créature existante, tous les degrés de finitude, ainsi toute création possible, l'Infini demeure auprès de lui-même et présent à lui-même jusque dans le moment de son absence à lui-même, de sorte qu'il peut demeurer présent à la créature sans cesser de lui être incommensurable. Si l'Infini actuel (qui est raison suffisante de la réflexion qu'il exerce) est victoire éternelle sur l'indéfini (dont la radicalisation est le néant), si le fini actuel est victoire partielle (il n'est pas la raison suffisante de la réflexion qui le fait être) sur ce même indéfini, alors l'Infini peut se rendre présent au fini en rendant présente au moment de l'indétermination du fini la manière dont il assume lui-même ce moment d'indétermination. Et c'est en ce moment d'indétermination pure, matériellement identique au néant (ainsi à ce néant dont la réflexion sur soi est l'acte créateur même) que consiste le point de suture entre nature et grâce : l'entéléchie non mondaine (il est naturel de mourir, et l'âme séparée du corps en devient transparente à elle-même) de l'ordre naturel, c'est (en droit sinon en fait), comme « *terminus a quo* » de l'ordre surnaturel, la connaissance de Dieu en et comme son acte créateur, et c'est encore, pour le créé pensant, la saisie par réflexion sur soi de la racine de son être naturel propre. Mais si le fini a la forme d'une réflexion, c'est en s'ordonnant à son entéléchie naturelle et finie, mais mondaine, qu'il s'habilite à faire retour à soi à partir d'elle, et qu'il se dispose, en ce cœur indéterminé de lui-même, à se faire recréer en recevant la grâce qui l'ordonne à Dieu tel qu'en Lui-même : c'est le service du bien commun qui renvoie l'homme à lui-même en vue du Souverain Bien. Le Politique, en sa vocation positive d'actualisation des virtualités de la nature humaine, et non en sa vocation seulement castigatrice ou négative de répression du péché, est la médiation obligée entre nature et surnature, vie terrestre et vie éternelle. L'augustinisme politique, croyant exalter l'ordre surnaturel, prend pour la vocation essentielle du Politique ce qui n'en est que la vocation subordonnée et accidentelle ; ce faisant, il compromet malgré lui la diffusion de l'ordre surnaturel, parce que la grâce présuppose la nature et la soigne dans l'acte où elle la surélève, de sorte que la grâce se court-circuite en prétendant s'imposer en défaisant la nature, ou en la frustrant. Mais si la disposition à recevoir les bienfaits de l'ordre surnaturel s'accomplit par la médiation obligée d'une exaltation de l'ordre naturel en tant que naturel (et la doctrine nationaliste de la nation ne fait pas moins qu'exalter la nature humaine, dans sa raison de cause finale de l'activité humaine qui s'y rapporte en la servant), alors il est permis de discerner, *dans le désir du Politique, une anticipation de soi du désir de Dieu*. **En reconnaissant à la créature et au Créateur la forme identique d'une réflexion ontologique, on s'aperçoit que l'on peut rendre compatibles le mouvement immanent et horizontal de recherche de la perfection naturelle, et le mouvement vertical d'ouverture à la transcendance.**

§ 7.1.5 Le problème du principe de continuité ou d'harmonie entre vocation terrestre et vocation céleste de l'homme n'est pas exactement identique au problème du rapport entre nature et grâce. En effet, la grâce étant gratuite, l'homme eût pu être créé en état de pure nature ; étant par nature mortel, l'homme eût connu la mort même s'il n'avait pas péché. Et il eût connu une vie après la mort en laquelle il eût consommé son désir ultime, celui qui est induit par sa différence spécifique et dont la satisfaction est le bonheur même : une connaissance spéculative, une vie contemplative, la connaissance de Dieu telle qu'elle peut être exercée sans l'aide déiformante de la grâce ; l'identique connaissance de soi et de Dieu en l'acte créateur (acte commun du créer et de l'être-créé), intrinsèque à la créature en tant que « *creari* », présence du Créateur en son « *creare* » à la créature, autrement dit en ce point de suture même entre nature et grâce. Il peut paraître incongru d'évoquer ces problèmes à propos du nationalisme, mais on ne peut faire autrement : si le Politique a raison de cause finale, il pourrait bien être tenu pour la raison d'être de la vie humaine, raison ultime s'il n'en est de plus élevée qu'elle ; mais, s'il en est une qui l'excède, elle concernera un aspect de la vie humaine qui, temporellement subordonné au Politique comme toute chose terrestre, ainsi finalisé par le bien commun, aura raison de cause finale du Politique lui-même en ce qui concerne la vie humaine postérieure à la mort du corps. C'est dans la considération du sens ultime de la vie humaine, dans ces sphères métaphysiques, que se joue en dernier ressort la cohérence d'une doctrine politique. C'est pour ne pas les avoir évoquées avec assez d'acribie que le Politique et les exigences religieuses en sont venus à se déconnecter l'un de l'autre, ou bien ne sont parvenus à s'harmoniser — tant bien que mal et de manière aussi bien pratiquement précaire que spéculativement insatisfaisante — qu'en se contraignant plus ou moins chacun, en se frustrant de mauvaise grâce pour faire, parcimonieusement, sa place à l'autre, non sans tenter, subrepticement, de se subordonner l'autre. Ce qui est assuré, c'est que le service du bien commun serait la béatitude naturelle de l'homme si l'âme humaine était mortelle. Au vrai, le désir humain est potentiellement infini en tant qu'il est réflexif : quelque élevé que soit le degré de bonté d'un bien extérieur qu'il appète, il trouve toujours la ressource de désirer encore, puisque l'acte même de désirer est lui-même désirable, de sorte qu'il est insatisfait par quelque bien fini que ce soit et se révèle de ce fait désir infini, à telle enseigne qu'il ne peut être satisfait que par un Infini en acte ; ne peut le combler qu'un Bien qui le régénère et qui le revitalise en tant que désir dans le moment où il le comble (puisque le désir est désir d'être comblé *et* désir d'être relancé), et ce ne peut être là que la racine ontologique du désir, un Bien qui est fin ultime parce qu'il est cause première, un Bien absolument commun mais séparé, extrinsèque. Ce qui invite à reconnaître dans le bien commun politique un bien non ultime, ayant raison de fin mais non de fin dernière. Mais alors comment l'homme peut-il se subordonner à ce qui se révèle en dernier lieu avoir raison de moyen ?

Le problème du principe de continuité, ou d'harmonie entre vocation terrestre et vocation définitive ou éternelle de l'homme peut être traité succinctement comme suit :

Quand une chose se soustrait à son essence, qui est pourtant sa fin et sa loi immanente, une telle chose dépérit et se défait. Mais quand il est de l'essence de cette chose d'être l'instrument d'une autre, elle s'ouvre à plus qu'elle-même par une opération dont la puissance opérative est posée en elle par son essence, de sorte que cette ouverture à plus que soi est encore une manière de se conformer aux réquisits de son essence. Si une automobile pouvait penser et vouloir, elle achèverait le processus d'adéquation exhaustif, immanent, d'elle-même à sa forme, dans et comme l'acte transitif de remplir au mieux sa fonction, qui consiste à rouler. Cela dit, il ne viendrait pas — si elle pouvait penser — à l'esprit d'une chrysalide, de se soustraire à sa condition de chrysalide afin d'accéder à celle de papillon, puisque c'est en épousant l'injonction de la chrysalide qu'elle y parvient, dès lors que la chrysalide s'accomplit en se niant, et ne se nie que pour s'accomplir. On se souvient qu'un papillon conserve ce qu'il nie et dont il procède en le reposant en lui-même sur le mode d'une puissance opérative, c'est-à-dire en intériorisant son « *terminus a quo* ». S'il est dans la vocation d'un être de s'excéder, de dépasser l'horizon de perfection de son essence, pour servir opérativement ce qui est au-dessus d'elle et trouver son bonheur dans ce service même, c'est que cet être ne devient pleinement lui-même qu'en aspirant à plus que lui-même : il conserve la vertu de la chrysalide en se sublimant en papillon. Si l'homme vise un Bien transcendant, il est à la visée opérative de ce bien comme la chrysalide l'est au papillon ; il en résulte que le souci du bien commun immanent est conservé dans la recherche du Bien transcendant. Et de même qu'il doit obéir à la chrysalide pour s'habiliter à devenir papillon, de même il doit s'ordonner au bien commun pour s'habiliter à l'excéder dans la recherche du Souverain Bien. C'est la cité qui ouvre en son sein le pouvoir d'excéder la cité : c'est elle qui rend possibles les philosophes, les sages et les prêtres, tous ceux qui sont particulièrement voués à convoiter le Souverain Bien, et à servir d'exemples pour les autres dans cette vocation. C'est la cité qui en quelque sorte meurt à elle-même en chaque homme qui la quitte, et qui la quitte pour accéder en droit au Souverain Bien séparé. Dieu veut que Sa créature tende vers Lui en se conformant aux exigences de la ressemblance de Lui-même qu'Il a mise en elle. Cette ressemblance est une similitude participée d'un aspect de la perfection absolue qu'Il est. Mais cette similitude est l'essence de l'homme, laquelle est plus parfaitement réalisée dans la cité que dans l'individu.

Dieu ne veut pas qu'une créature tende vers Lui en se défaisant de sa finitude constitutive pour s'approprier à l'Infini actuel, parce que ce qui limite la créature est ce qui la fait être. L'ordre veut que les réalités supérieures meuvent les inférieures par une puissance de causalité dont elles ne sont pas l'origine première, et qui se trouve en Dieu, Premier Moteur non mû, selon la terminologie d'Aristote ; les causes supérieures sont des moteurs mus. Mais Dieu ne meut pas seulement les réalités

mondaines par la médiation des causes supérieures actuellement subordonnées ; Dieu meut chacune de l'intérieur par la
nature qu'Il met en elle : « *Deus movet non solum res ad operan-*
dum, quasi applicando formas et virtutes rerum ad operationem,
sicut etiam artifex applicat securim ad scidendum, qui tamen inter-
dum formam securi non tribuit, sed Deus etiam dat formas creaturis
agentibus, et eas tenet in esse » (*Somme théologique*, I^a, q. 105,
a. 5). Dieu non seulement meut les choses à opérer, en quelque
sorte en disposant ces formes et ces puissances opératives en vue
de leurs opérations à la manière dont l'ouvrier dispose la hache
en vue de fendre son objet cependant qu'il ne donne pas sa
forme à la hache, mais encore Dieu donne leurs formes aux
créatures qui agissent et Il les maintient dans l'existence. Soit :
Dieu est cause première non seulement du passage de la puissance à l'acte des opérations des agents intermédiaires, mais
encore Il est cause des formes ou natures par lesquelles Il donne
à ces causes de subsister et d'agir. L'acte créateur de l'exister des
causes finies et de leurs effets finis s'exerce de l'intérieur même
de la causalité réelle exercée par ces causes, à raison desquelles
ce qui était en puissance à devenir quelque chose de nouveau
passe à l'acte. Si l'excellence de l'agir d'une substance, qui perfectionne la substance en la conformant au mieux à son essence,
résulte de l'excellence de la forme de cette substance, alors l'agir
par lequel cette substance se met au service d'un bien qui l'excède, loin d'inviter cette substance à se défaire, au contraire l'invite à s'enraciner dans son identité essentielle. Tout particulièrement, plus un être personnel est invité à s'excéder sous l'action
de la grâce, plus il est invité à coïncider avec sa perfection
naturelle.

§ 7.1.6 L'identité nationale est une manière paradigma-
tique d'être homme.

On a vu plus haut (§ 7.1.1) que la raison d'être du Politique,
à savoir le déploiement, selon une modalité collective, de toutes
les virtualités de la nature humaine, prend historiquement et

logiquement la forme du déploiement, en et par chaque communauté politique, d'une certaine manière exemplaire d'être humain, et que cette manière particulière d'être humain — à savoir l'identité nationale — est un degré (et il y a autant de nations que de degrés) du processus d'extériorisation temporelle de l'intériorité essentielle de l'homme, ainsi de sa nature.

Qu'une identité nationale soit un degré de cette sorte explique trois choses.

Cela explique que certaines nations soient mortes, en tant qu'elles ne sont plus dans l'appétit politique de la communauté humaine ; elles n'y sont plus parce que, satisfaite à un moment de l'histoire, leur vertu exemplaire a été assumée et dépassée par d'autres ; c'est pourquoi la reviviscence de telles nations serait un désordre et une régression, qui empêcherait les nations actuelles de s'épanouir ; aussi le mondialisme a-t-il compris que l'un des modes de subversion du Politique est de favoriser les régionalismes et les micro-nations, ou les identités nationales archaïques, afin de précipiter le dépérissement des nations actuelles.

Qu'une identité nationale soit un degré objectif d'extériorisation de l'intériorité essentielle de l'homme explique aussi que les nations soient entre elles dans un rapport naturel d'antagonisme relatif, garant d'une émulation féconde. Les nations sont comparables entre elles, commensurables et ainsi hiérarchisables, parce que chacune se veut l'expression particulière de la même nature humaine universelle. Mais à ce titre même chaque expression nationale se veut celle du tout de la nature humaine, tout entière investie en chaque nation, bien qu'elle n'y soit pas totalement. Une telle relation potentiellement conflictuelle entre nations particulières dont chacune aspire à se faire l'expression du tout de l'essence humaine invite les nations à se faire reconnaître les unes par les autres, de gré ou de force ; si le particulier est une particularisation de l'universel, il l'actualise mais, sous un certain rapport, il le nie, de sorte que la négation les uns par les autres des particuliers se révèle avoir pour sens d'être la négation de la négation de soi de l'universel, ainsi son éduction qui seule peut rassembler les particuliers en se les subordonnant, en les convertissant en organes de la totalité (unité de l'unité et de la pluralité) qu'il sera ; mais cette totalité répugne à se réaliser dans l'élément du Politique : comme il l'a été vu plus haut (§ 7.1.1), si une substance (l'homme) n'est qu'une particularisation non exhaustive de l'essence humaine, en contrepartie les actes opératifs de cette substance font retour à l'essence de manière nécessairement inachevée ; s'ils faisaient retour à elle de manière exhaustive, la substance coïnciderait avec sa forme spécifique, et elle serait son espèce, à la manière d'un ange en lequel son essence se réalise non seulement tout entière, mais encore totalement ; la substance serait gravide de tous les accidents explicitant son essence, de sorte qu'elle épuiserait son essence dans sa singularité ; or l'homme n'est pas ange ; l'essence de l'homme ne subsiste comme inclusive de toutes ses manières de s'incarner, comme universel concret, que comme Idée divine ; il en résulte que prétendre à faire se concrétiser l'essence humaine de manière exhaustive dans l'élément du Politique revient à prétendre à faire subsister l'Idée divine d'homme, comme divine, dans le mode d'être d'une créature mondaine, ainsi dans la forme d'un existant créé, et cela équivaut à déifier l'homme, et tel est le mondialisme considéré dans sa signification ultime et secrète, quoique pressentie confusément et tacitement plébiscitée par un grand nombre.

Qu'une identité nationale soit un degré d'extériorisation de l'intériorité humaine explique enfin la raison de la fascination de l'homme du commun pour le mondialisme. C'est un fait, navrant, que même les hommes de bon sens d'aujourd'hui, moins contaminés par les idéologies que les « intellectuels », même les hommes dont on pourrait s'attendre à ce qu'ils fussent plus enracinés et plus réticents à l'égard du Grand Collapsus qu'est le mondialisme, opposent un refus bien timide à l'immigration massive qu'ils subissent et au mondialisme bancaire qui les ruine ; il y a bien des velléités « populistes » de réaction, des réflexes d'instinct de survie, mais atrophiés ; de telles velléités sont divisées, sans souffle efficace, presque toujours manipulées par le sionisme en sachant qu'elles le sont, ainsi récupérées par un « national-sionisme » qui n'est que l'envers du mondialisme, telle une tentative de manipulation du mondialisme par une minorité nationale à prétention hégémonique ; à travers les revendications identitaires de l'homme du peuple ne s'exprime, la plupart du temps, qu'un souci de mieux-être matériel et consumériste, ce qui, pour le moins, ne le dispose guère à mourir pour des idées. Si l'on se souvient que les nations réelles et vivantes sont naturellement en relation potentielle ou actuelle de nécessaire antagonisme, on comprend qu'il soit dans la nature de l'homme de lutter, de veiller dans l'inquiétude, en alerte permanente, dans le souci d'un perpétuel dépassement de soi ; de sorte que l'horizon du mondialisme est vécu tels un collapsus, une chute de tension des énergies belliqueuses, un nirvana rassurant, une paix qui équivaut à la mort mais qui séduit parce qu'elle repose.

L'endormissement est délectable, l'acte de se sentir sombrer est séduisant, par là il est l'objet d'un désir possible, même si au sommeil auquel il aboutit ne succède aucun réveil. Espérer est lutter, lutter est pénible, se vautrer dans l'attentisme qui consent au désespoir est une manière de supprimer la douleur inhérente à cette lutte.

§ 7.2 Nationalisme et religion

On ne peut se dire nationaliste sans poser la question religieuse.

En effet : si l'on exclut toute transcendance, si le Souverain Bien se réduit au culte de l'idéal national, lequel est immanent, alors le divin, objet du Souverain Bien, se révèle telle une réalité qui en dernier ressort ne subsiste que par l'homme qui la fait exister : la France existe parce qu'il existe des Français qui veulent la servir ; et elle est en train de s'effacer depuis qu'ils ont décidé de la faire servir à leurs intérêts privés. Si l'on absolutise la société, on absolutise l'homme, chaque homme, et l'on tombe dans l'individualisme où l'idéal national se réduit à la caisse de résonance des exigences privées. Et c'est là une modalité du subjectivisme, qui dénature le vrai nationalisme, lequel n'est nullement chauvin, sinon par accident. Le vrai nationaliste sait que sa particularité nationale est particularisation des exigences spirituelles — universelles — de la nature humaine, et que la valeur d'une identité particulière tient à celle de l'universel dont elle est la particularisation. C'est pourquoi le vrai nationaliste n'hésitera pas à se mettre à l'écoute, dans des domaines précis, de l'enseignement et des richesses de civilisation d'autres peuples, richesses que sa fidélité à son identité nationale lui enjoindra de recevoir en les appropriant au génie propre de sa communauté de destin.

Par voie de conséquence, il n'est pas de philosophie du bien commun qui ne soit corrélative d'une philosophie du Souverain Bien. Il n'y a pas d'idéal politique habilité à se rendre victorieux du collapsus et de l'entropie démocratiques sans référence au moins implicite à l'affirmation de Dieu, ainsi sans référence à une fin ultime qui transcende l'ordre politique lui-même. Parce que le divin est par définition non seulement la perfection même, l'infini en acte et l'absolu dans tous les ordres de perfection, mais encore maître de sa perfection, ainsi assomptif dans lui-même, de toute éternité, de tous les degrés de perfection — dont celui auquel est ordonné le souci du politique —, alors, en tendant vers le bien commun, l'homme se dispose, sans contradiction, à tendre vers le Souverain Bien, dans un désir qui ne se consomme qu'à la mort de chaque homme. Cela dit, force est de confesser que les hommes les plus soucieux des exigences immanentes du bien commun, par là les plus authentiquement nationalistes, sont souvent à chercher du côté des agnostiques, voire des antichrétiens parce que néo-païens. Il y a évidemment là quelque chose de profondément désolant, qui s'explique par la cécité spirituelle de ces hommes, mais aussi — et surtout, hélas — par l'intransigeance mal placée des catholiques incapables de comprendre que le service du Souverain Bien se médiatise dans celui du bien commun politique entendu dans son statut même de cause finale de la vie terrestre. Quand on connaît un tant soit peu ces milieux, en France en particulier, on a quelques bonnes raisons de penser qu'une plus grande lucidité de la part des catholiques, une plus grande aptitude à se désengluer de cette espèce de quiétisme paresseux qu'est le plébiscite de la férule cléricale, permettraient aux nationalistes en délicatesse avec l'Église et son enseignement de réviser leur position sans se trahir, et bien au contraire en donnant sa signification ultime à leur courageux engagement politique.

§ 7.3 Bien commun et Souverain Bien

Comment articuler harmonieusement souci d'un bien commun, c'est-à-dire d'un bien qu'on aime en lui étant rapporté, c'est-à-dire encore souci d'un bien qui a raison de cause finale, et souci d'un Souverain Bien qui, par définition cause finale, risque de faire du bien commun politique un bien subordonné, instrumental, ainsi un moyen et non une fin ? Et la réponse à cette question, **laquelle est peut-être la grande question qui fait se diviser contre elle-même et depuis toujours la famille politique de la Droite**, est précisément la **conception nationaliste de la nation.**

En effet :

D'abord, procédons à quelques rappels succincts. Le bien commun, c'est pour chaque soldat la victoire de l'armée, et c'est non seulement ce qui conditionne ses biens propres (avancement, etc.), mais ce qui est leur raison d'être et leur fondement : l'armée et les victoires ne sont pas finalisées par l'obtention des galons, c'est la distribution des galons qui est finalisée par la victoire ; le bien commun n'est pas la somme des biens particuliers (il peut exiger leur sacrifice), il n'est pas la condition des biens particuliers (il serait finalisé par eux et se réduirait à l'intérêt général), il est leur finalité et leur raison d'être, il est ainsi ce bien qui est aimé par les particuliers, mais tel un bien auquel on se rapporte, et non pas tel un bien que l'on rapporterait à soi. Mais observons ceci : nos appétits procèdent de notre nature (les lions ont des désirs de lions, les hyènes des désirs d'hyènes), et nous ramènent à notre nature ; soit : désirer est manquer, souffrir, être comme malade, inadéquat à son concept, ainsi à sa nature, et ainsi tout désir est dans son fond désir de se rendre adéquat à sa nature, et c'est pourquoi nos désirs sont l'expression en nous du désir de soi de notre nature ; elle se veut en nous, elle a pour nous raison de fin, de sorte que nous l'aimons en nous voulant rapportés à elle : Adam n'est pas homme pour être Adam, il est Adam pour être homme. C'est si vrai qu'elle nous enjoint de nous excéder par la procréation : elle veut se réaliser ailleurs qu'en nous, ce qui prouve que l'individu est incapable de réaliser exhaustivement sa nature, et que sa nature se le subordonne ; je n'ai pas une nature pour être un individu existant, j'existe comme individu pour faire rayonner ma nature. Il est vrai que la fécondité n'est pas seulement l'expression d'une insuffisance ontologique, elle est d'abord celle d'une surabondance ; si l'on se souvient que la vocation à la procréation n'est pas seulement l'indice négatif d'une finitude ou imperfection structurelle (être incapable de faire exister son espèce ou essence tout entière et totalement en soi-même, à la manière de l'essence angélique), mais aussi d'une fécondité attestant un surcroît de perfection, une vocation à s'excéder par excès de plénitude, on comprend que la société soit pour chaque homme, qui s'inscrit en elle comme en son rejeton ou en son fruit, ce en quoi il s'exprime exhaustivement autant que faire se peut, et assurément mieux que son essence ne s'exprime en lui seul ; n'étant pas substantielle mais accidentelle comme tout d'ordre, la société est entitativement moins digne que la personne humaine, puisqu'il est plus digne d'être une substance que d'être un accident ; pourtant, en tant qu'il actualise la substance, l'accident a pour elle raison de fin, de sorte que si chaque homme fait de lui-même une partie de la société, se rend intérieur à ce qui est son produit, il lui confère par sa présence en elle la dignité de substance, sans la priver, en tant que tout d'ordre, de la vertu propre à l'accident d'actualiser la substance. Il en résulte que la cité entendue comme tout pris avec les individus qu'il rassemble a raison de cause finale de l'individu, elle a raison de substance non pas entitativement, mais fonctionnellement. Or les potentialités de la nature humaine s'actualisent diachroniquement dans la pro-création, mais aussi synchroniquement dans la cité : la cité, prise avec les hommes qu'elle rassemble, actualise plus de vir-tualités du génie humain qu'un seul homme. Donc la cité, prise dans son ordre, a raison de *cause finale* pour l'individu. **Le bien commun est la réalisation en acte de toutes les potentialités positives de la nature humaine.** Mais on a vu plus haut (§ 7.1.2) que cette cité ne saurait être mondiale, à peine de se défaire. Donc il y a bien commun seulement s'il y a réalisation en acte de toutes les potentialités de la nature humaine, *à l'intérieur d'une communauté particulière de destin.* **Or ce principe particu-larisant, c'est l'identité nationale. Il y a donc bien commun si et seulement si il y a — explicitement ou non, de manière au moins vécue à défaut d'être historiquement réfléchie — nation.** Et le nationalisme est cette conception de la nation qui voit en elle une manière canonique d'être homme, ou encore qui y voit le principe particularisant du souci universel d'actualiser collectivement les potentialités de la nature humaine. **Donc il y a bien commun seulement s'il y a plébiscite, revendiqué ou non, explicite ou non, du nationalisme.** Ce qui, contre l'ensei-gnement de Pie XII, fait de la nation une catégorie essentielle-ment politique. Si l'on se souvient (§ 7.1.4) que le souci du bien commun est l'anticipation de soi obligée du désir naturel de Dieu, on comprend que la catégorie de nation soit éminemment requise par l'élaboration d'une philosophie politique qui se vou-drait naturellement disposée à servir les intérêts — surnatu-rels — de la vraie religion.

§ 7.4.1 Mondialisme et communisme (suite)

Ce qui manquait à l'argumentaire proposé au § 7.3.1 est désormais acquis, et c'est pourquoi on se permettra de revenir sur la question de la solidarité obligée entre État mondial et communisme. Le mondialisme, couronné par l'État mondial, c'est le projet, comme chacun sait, d'une petite minorité d'hommes richissimes que la séduction de l'argent en tant que tel a séduits mais aussi blasés depuis longtemps, de telle sorte qu'ils aspirent par l'argent au pouvoir. Montherlant dans *Le Maître de Santiago* faisait dire à Don Alvaro Dabo qu'autrefois on aimait l'argent parce qu'il procurait le pouvoir, et qu'avec le pouvoir on faisait de grandes choses, alors que selon lui, dès le début du XVIᵉ siècle, on s'était mis à aimer le pouvoir parce qu'il procurait l'argent, et qu'avec l'argent on faisait de petites choses. Cette observation est vraie pour l'homme d'aujourd'hui, mais seulement l'homme du commun, mené par l'hédonisme. Car la chose est plus contestable pour ceux qui ont acquis une puissance financière supérieure à celle de certains États, et qui, matériellement blasés, possèdent plus que ce qui leur serait nécessaire pour satisfaire des passions consuméristes qui, misérables quant à leur contenu, sont aussi limitées du fait des limites du corps humain ; seul le désir spirituel est infini, parce qu'il est seul à être réflexif ; et si un désir infini, ainsi spirituel, peut s'investir en se dévoyant dans des désirs finis (sensibles) qu'il démesure, vient quand même un moment où il ne peut se satisfaire dans un tel mode d'investissement, parce que les désirs corporels démesurés en viennent à détruire le corps et à se détruire eux-mêmes. Le désir infini ne peut trouver un objet à sa mesure que si ce dernier est un bien spirituel ; mais pour demeurer accessible à l'argent, il doit être dévoyé, parce que les biens spirituels ne sont pas achetables ; et pour être dévoyé tout en restant spirituel, il doit, de désir de Dieu, se convertir en désir d'être Dieu. Le mondialisme est le projet d'une minorité financière qui aspire, par lui, à se déifier. Il s'agit alors d'instaurer un pouvoir absolu et total : absolu en tant qu'indépendant des autorités constituées, religieuses, morales, commerciales, industrielles, politiques, familiales ; mais il doit être aussi total, en tant que répugnant à une limite qui attesterait qu'il n'est pas pour lui-même sa propre fin : la fourchette a une limite quantitative (elle n'est pas une fourche) qui lui est fixée par la finalité qu'on attend d'elle ; ce qui est sa propre fin n'admet pas de limite. Les fins du mondialisme sont donc politiques et non économiques, et elles sont politiques parce que religieuses, mais il s'agit de la religion de l'homme et non de Dieu. Cela dit, il pourrait ne s'agir que de la déification de certains hommes. On peut à la rigueur discerner dans ce projet à finalité restreinte celui du judaïsme, lequel est une religion en vérité assez récente, née avec la déchirure du voile du Temple : « On oublie, rappelle justement Alain Finkielkraut (France Culture, le 8 août 2015) que le judaïsme n'est pas antérieur au christianisme puisqu'il s'est formé après la chute du Temple avec le Talmud » à partir du IIIe siècle (celui de Jérusalem et surtout celui de Babylone). Les Juifs aspirent depuis deux mille ans, en révoquant le message de Celui dont le royaume n'est pas de ce monde, à détruire la chrétienté et même l'ordre naturel des choses, afin de leur substituer un royaume temporel à échelle mondiale et dont ils seront les bénéficiaires exclusifs. Mais la gnose maçonnique, qui rend l'homme consubstantiel à Dieu, ne limite par l'homme au Juif, elle entend déifier le genre humain tout entier, de sorte que, contre les apparences, le projet mondialiste dans ce qu'il a de proprement satanique ne s'est fait, par le passé et aujourd'hui, l'instrument de la puissance juive que pour en venir à convertir cette dernière, au terme de son entreprise de subversion, en instrument de lui-même, pour la gloire satanique de l'Homme, et non seulement celle du Juif. Les mondialistes détruisent les politiques nationales pour avoir les mains libres afin de s'enrichir, mais en dernier ressort ils ne s'enrichissent que pour accéder à un pouvoir politique mondial.

Il n'est donc pas ici question de nier l'existence d'une minorité judéo-maçonnique à l'œuvre dans l'entreprise mondialiste contemporaine.

Mais ses manœuvres subversives sont connues de tous aujourd'hui, et elles ne seraient d'aucune efficience si elles ne répondaient à un vœu profond inscrit dans le cœur pervers de l'homme du commun qui consent à être désinformé, qui plébiscite au moins tacitement l'esclavage qu'il subit : par leur nombre, les dirigés sont toujours plus forts que les dirigeants ; l'argent comme tel n'a de valeur que fiduciaire, il ne conserve son pouvoir exorbitant et ravageur que si tous consentent à le lui reconnaître. Il suffirait qu'un grand nombre de contribuables décidassent de ne plus payer leurs impôts (qui servent de manière toujours plus accusée à enrichir les banques et à financer l'invasion migratoire), de vider leurs comptes bancaires en accédant à des biens réels et durables, de ne jamais avoir recours à quelque prêt à intérêt que ce fût, de ne plus jamais regarder la télévision, de ne plus jamais voter, de ne se procurer que ce qui est vraiment nécessaire à la vie, de répondre aux violences policières par une violence aussi brutale (mais il faut pour cela savoir encore mourir), pour que l'appareil répressif d'un pays, avec l'économie dont il est le jouet, s'écroulassent comme les décors de la mauvaise pièce de théâtre qu'on veut leur faire jouer depuis des décennies. S'ils ne le font pas, ce n'est pas seulement par l'appât des misérables gains que l'oligarchie leur concède encore de manière de plus en plus parcimonieuse. C'est d'abord parce qu'ils se sentent d'instinct solidaires de la monstrueuse entreprise de déification qui est à l'œuvre dans ce processus. On excuse trop la plèbe en invoquant son ignorance, sa lassitude imputable à son labeur abrutissant, sa faiblesse, sa dépendance ; ces excuses, légitimes, ne sauraient cependant l'innocenter. Le subjectivisme est une maladie qui se gausse des classes sociales. Il frappe les pauvres autant que les riches, les ignorants comme les savants, les faibles autant que les forts.

Le mondialisme est l'expression de la prétention des hommes à substituer une seule manière d'être homme à toutes les autres, une seule nation à toutes les nations, mais non pas une nation historique déjà constituée, encore marquée par une particularité restreignant l'universalité de son projet constructiviste ; il s'agit d'une nation mondiale nouvelle, qui serait comme la manière dont le genre humain s'intronise de nature angélique. La communauté humaine, devenue activement ou tacitement mondialiste, entend ne faire qu'un seul homme, un homme générique doué du pouvoir d'épuiser l'espèce humaine dans sa singularité. Cet homme générique, c'est quelque chose qui a valeur d'homme singulier, et c'est l'État mondial : il est

l'homme total, l'homme unique, la nature humaine hyposta-
siée, et les individus innombrables de ce corps universel sont
chacun la conscience de ce soi de ce tout ; de la sorte, chacun
est le tout, sans empêcher l'autre d'être aussi le tout. Mais
encore faut-il que tous consentent à ne se reconnaître d'autre
identité que celle du tout social substantifié. Or la propriété privée ne peut être établie que si l'on consent à accorder une réalité
à la distinction du tien et du mien, ce qui n'est possible que si
moi n'est pas toi. Si toi et moi sommes les accidents conscien-
tiels d'une même substance, c'est seulement au niveau psycho-
logique que se maintient encore une telle distinction. La substantification de la société, corollaire obligé de sa mondiali-
sation, répudie la distinction ontologique entre des personnes,
par là répudie la personne *et son avoir* en lequel elle objective sa
liberté : le Moi que je suis, en tant qu'irréductible à autrui, mais
par là en confessant que ni lui ni moi ne sommes notre espèce,
mais l'avons, est maître intérieur de ses actes, il se *possède*, et le
moi atteste cette réalité intérieure en l'extériorisant dans un
avoir privé. La légitimité de la propriété privée tient certes au fait
que la responsabilité s'en trouve, par elle, renforcée ; elle tient
aussi dans le fait qu'elle rend possibles les échanges et que,
comme le remarque Aristote, les hommes ont une tendance
naturelle à échanger afin d'actualiser leur tendance au juste, et
sous ce rapport la relation entre morale et droit est analogue à
celle qui existe entre l'intérieur et l'extérieur. Mais la raison la
plus déterminante en faveur de la propriété privée est peut-être
que, par elle à laquelle l'homme s'identifie, ce même homme
apprend à entretenir à l'égard de lui-même une relation d'avoir,
ainsi apprend à se posséder lui-même, mais aussi à répondre de
lui-même, ainsi à être libre. Certes, se réduire à son avoir est une
aliénation justement dénoncée par Marx : se limiter à son avoir,
c'est se réduire à l'état de chose, renoncer à sa vie intérieure, et
en plus consentir à ne se nourrir que de biens matériels. Mais
l'homme dépossédé du pouvoir d'avoir est dépossédé du moyen
privilégié d'objectiver son aptitude à avoir ce qu'il est, et qui
définit sa liberté : disposer de soi ; l'intérieur doit s'extérioriser

à peine de se réduire à une vie subjective qui, parce que subjective, est incertaine et en attente de sa confirmation ; l'unique manière dont on dispose pour s'assurer qu'on a véritablement voulu quelque chose, c'est de l'avoir effectué ; l'unique moyen auquel l'homme puisse avoir recours pour s'assurer que cette maîtrise intérieure de soi, qui définit son être spirituel, est effective, c'est de l'extérioriser dans l'avoir. Certes, des hommes peuvent accéder à la pleine conscience de leur humanité sans être propriétaires, mais cela n'est possible que parce que la propriété est exercée par d'autres hommes que les premiers connaissent et dans l'expérience desquels ils vivent ce moment nécessaire à l'avènement de la conscience de leur liberté, laquelle n'est pas sans la conscience d'être libre. Il faut, en d'autres termes, avoir pour être, et il n'est d'avoir que s'il est privé. Mais une vie communautaire plébiscitant le principe de la propriété privée, cela compromet la substantification sociale du genre humain, corollaire de l'identification de chaque individu à son espèce. C'est pourquoi le mondialisme ne peut se consommer que dans la suppression de la propriété privée, c'est-à-dire de la propriété tout court. Avoir quelque chose que l'autre n'a pas, revendiquer pour son existence personnelle une sphère privée, c'est confesser que l'on n'est pas toute la société, mais une partie de cette dernière. Mais remarquons que la réduction de l'homme à la société mondiale, ainsi à l'ensemble des rapports sociaux, le rend maître de l'essence à laquelle chacun prétend s'identifier, puisque la société n'existe que par les hommes qui s'inscrivent en elle. Donc l'homme du mondialisme devient maître de son essence, souverain sur son essence qu'il se donne, et par là créateur de lui-même, ainsi déifié. Le mondialisme ultra-capitaliste inspiré par la gnose judéo-maçonnique fait ainsi se consommer les vœux du marxisme lui-même. Et entre petits dieux dont chacun se veut être une hypostase de la même et unique déité sociale, c'est-à-dire entre petits absolus, seul un rapport de stricte égalité peut être toléré. Or la propriété privée, ou le droit à accéder à la propriété, est nécessairement générateur d'inégalités : personne ne fait jamais exactement le même usage de son avoir que son voisin, et les conséquences de ces usages induisent des résultats inégaux quant à la fructification des biens possédés. Donc la propriété privée ne peut être tolérée en situation de mondialisme consommé.

§ 7.4.2 Nationalisme et « mission divine »

Le nationalisme existe, le nationalisme français a même une histoire déjà longue. Mais il s'arroge souvent, en France en particulier, le privilège de se fonder sur l'idée d'élection divine, afin de justifier ses prétentions, selon un mimétisme qui fait de lui, malgré qu'il en ait, un disciple des Juifs.

Montrons que l'idée de « peuple élu catholique », telle l'idée de la France des « *Gesta Dei per Francos* », induit logiquement, au rebours de ses espérances, celle de mondialisme.

Il n'y a, pour la seule vraie religion, d'autre peuple élu que celui des baptisés, qui consomment leur gloire au Ciel, et seulement au Ciel. C'est une élection pour le Ciel et non sur et pour la Terre, de telle sorte qu'une élection temporelle en forme de privilège politique, ainsi un peuple élu d'essence politique, est nécessairement la préfiguration temporelle d'une nouvelle religion en laquelle il se consomme et s'abolit. Si un peuple se veut peuple élu politiquement, il ne l'est donc qu'au titre de chrysalide, comme le fut le peuple juif, il est une forme politique vouée à passer, à se sublimer en forme religieuse supra-politique et non nationale. Mais un peuple catholique qui se voudrait politiquement élu serait un peuple qui, parce que catholique, ne saurait être chrysalide d'une autre religion puisque le catholicisme est la religion définitive, cependant que, comme peuple élu *politique*, ainsi terrestre ou temporel, il doit avoir raison de chrysalide. Une chrysalide est contradictoire en tant qu'elle aspire à se parfaire dans ce qui la supprime, mais elle y supprime aussi sa contradiction. Or un État catholique se voulant peuple élu politiquement est un État contradictoire en tant qu'il a raison de chrysalide, mais, n'ayant pas vocation à se sublimer en religion comme l'était le judaïsme à l'égard du christianisme, il entend se maintenir en son état politique. Il ne peut subsister en tant que politique et lever sa contradiction qu'en se consommant dans quelque chose qui le sublime sans lui faire perdre sa dimension politique, et ce ne peut être que la souveraineté sur le monde, ce qui ne serait pas là l'État mondial, mais un ensemble d'États liés par des dépendances de type féodal. Un tel État aspire mécaniquement à l'hégémonie. Ne peut aspirer à l'hégémonie politique sans bouleverser l'ordre du monde que ce qui est capable d'unifier les nations dans un empire sans les détruire, ainsi de les intégrer dans un tout dont il est la nation suzeraine, mais encore faut-il, pour ce faire, qu'il en ait les moyens intellectuels, militaires, industriels, économiques. Ce qui revient à dire qu'il doit fonder ses prétentions sur des mérites naturels, et non sur l'arbitraire d'une élection supposée divine, de soi indifférente aux qualités naturelles dont son bénéficiaire pourrait se prévaloir. Si un tel peuple n'en dispose pas, il ne peut poursuivre son rêve hégémonique autrement qu'en aspirant à détruire les nations, à diviser pour régner, afin de régner sur une multitude sans identités nationales ; à partir de là, il peut tenter de substituer sa propre identité nationale à celle des toutes les nations qu'il a détruites, mais cela est impossible puisqu'il n'y a pas de nation s'il n'y a pas concert de diverses nations. En dernier ressort, il ne peut aspirer à l'hégémonie qu'en détruisant les nations, y compris la sienne, pour y substituer une multitude sans aucune identité nationale, ainsi composée d'atomes n'ayant d'autre identité que celle de membres de l'État mondial. L'internationalisme politique n'unit pas des nations maintenues dans leurs différences, il les indifférencie et les supprime. Il y a eu un peuple élu, une nation providentiellement choisie pour préparer l'avènement du Christ, dont la vocation était de faire se sublimer son identité nationale en identité ecclésiale, dans l'instauration de la seule et unique et définitive vraie religion. Le judaïsme est né du refus d'assumer une telle vocation. Toute autre nation qui aspirerait à se vouloir providentiellement élue sans consentir à renoncer à elle-même dans la surrection d'une identité religieuse, ainsi non politique, ne peut qu'embrasser le destin des Juifs. Les idolâtres de la « France Nouvel Israël » sont en vérité des judéo-chrétiens. L'Espagne et le Portugal ont converti plus de monde que les Français, et l'Arménie était chrétienne bien avant la France. De fait, la France fut catholique aussi longtemps qu'elle fut française, et elle demeura française aussi longtemps qu'elle sut rester catholique. Mais cela ne signifie pas qu'elle aurait plus qu'une autre nation le droit de faire de sa catholicité une détermination essentielle d'elle-même, car tout peuple a vocation à être catholique, puisque tout homme a vocation à être sauvé, quand bien même il refuse cette vocation. Il est tout de même singulier qu'une religion qui fait de l'humilité, de l'abnégation, du renoncement à soi un de ses principes fondamentaux puisse en venir à être instrumentalisée pour servir à la gloire, à la gloriole même de la nation qui l'adopte. On peut — on doit — être humble et fier, modeste et conscient de sa valeur, renoncer à l'orgueil et cultiver la jouissance de la victoire ; on peut et on doit s'aimer en aimant son prochain, on peut et on doit exalter l'ordre naturel intègre à proportion du pouvoir de se laisser investir sans réserve par les bienfaits de l'ordre surnaturel. Et cela est possible en rapportant à Dieu tout ce que l'on a et tout ce que l'on est, du fait même que ce qu'on est, on l'a encore reçu de Dieu, et on ne le possède qu'en vue de la gloire de Dieu. Dès lors, il est contradictoire de se faire une gloire insolente, ou de rapporter à soi l'acte d'embrasser le catholicisme et de s'en dire le champion ; autant supposer que les saints entreraient en compétition les uns avec les autres pour l'emporter sur les autres en gagnant la palme du plus grand saint ; on doit vouloir être saint et accéder au plus haut degré de sainteté possible, mais on doit le vouloir pour Dieu, non pour soi-même, et sous ce rapport on est logiquement en demeure de souhaiter d'être dépassé en sainteté par autrui. Il est donc contradictoire qu'une nation se déclare choisie par Dieu pour être plus sainte que les autres, et que cette nation puisse revendiquer son élection supposée pour s'autoriser à dominer les autres, d'autant qu'elle use, pour ce faire, de moyens qui contredisent la fin : favoriser l'hérésie protestante ou mahométane pour écraser militairement ses ennemis. Quand on use sans vergogne d'un moyen qui contredit la fin avouée, c'est que, à moins d'être ignorant ou sot, on visait secrètement une autre fin. On est là dans une situation analogue à celle de « sainte » Marie l'Égyptienne qui aurait vendu son corps aux bateliers pour s'acquitter du prix du passage d'un fleuve afin de se rendre en pèlerinage à Jérusalem. Et c'est là encore une variante de l'histoire de Gribouille.

On reviendra sur ce problème de la « France peuple élu », de « mission divine de la France » en abordant celui des rapports entre l'idée de nation et celle d'empire (§ 9.2).

Notons que les nationalistes français les plus attachés à l'idée de « France Nouvel Israël » poussent des lamentations de pharisien quand ils entendent le « *Gott mit uns* » des Teutoniques et des soldats allemands des deux dernières guerres mondiales. En vérité, les Allemands, à tort ou à raison, se sont perçus jadis et naguère comme *naturellement* excellents, et, une fois convertis au christianisme, ils ont cru discerner, dans cette excellence *naturelle*, le signe d'une intention providentielle, ainsi surnaturelle ; ils n'en ont pas appelé, comme l'ont fait les Juifs et les Français, à l'existence d'une *élection surnaturelle* pour exiger que leur fussent reconnues des qualités naturellement excellentes leur conférant le droit à l'hégémonie politique. Le parallèle accusateur entre Juifs et Allemands (« frères ennemis, candidats à la dignité de race supérieure ») ne vaut donc pas.

§ 7.4.3 Fin immanente et fin transcendante

Il est temps d'aborder le thème pénible de la division depuis toujours de la Droite française, imputable à l'impuissance où se trouvent les théoriciens comme les hommes d'action de concilier bien commun et Souverain Bien.

Le bienfait de l'absolutisme est qu'il conjure la démocratie, qu'il promeut une hiérarchie indépendante de ceux qu'il gouverne, que sa forme dynastique présente l'immense avantage de soustraire le dépositaire du pouvoir aux convoitises des prétendants ; il n'est pas total mais absolu. La difficulté est précisément qu'il exclut l'esprit de totalité, lequel désigne l'organicité :

se faire poser par ce dont on procède, action réciproque entre le tout et les parties ; c'est à cette condition pourtant que le tout est tout entier et non totalement en chaque partie, qu'il confère statut de moments à ce qui est ses parties, et c'est parce qu'elles ont statut de moments qu'elles vivent de la vie du tout, et que donc elles aiment le tout comme le meilleur d'elles-mêmes. Un absolutisme sans organicité est exclusif de l'idée de bien commun. Si le sacre est principe de légitimité, le tout n'a plus en lui-même le principe de son unité, il n'est plus vivant, il n'est plus le bien commun de ses parties. Sitôt la foi affaiblie, ou la théocratie attiédie, la société absolutiste devient individualiste. Il est possible de conjuguer absolutisme et organicité : si et seulement si le roi instaure un système dans lequel le tout se fait raison de sa différenciation en parties, ainsi maîtrise la genèse et le renouvellement de ses hiérarchies ; mais dans ce cas le roi est la conscience de soi de l'État, il est plus que le premier des suzerains, mais il est moins que l'État ; le vrai monarque est l'État lui-même, et la personne du roi est une personnification contingente de la couronne. Peut-être est-ce là ce que voulait signifier un Jean de Terrevermeille, au XVe siècle, soucieux d'établir que la couronne de France n'appartient pas au roi mais que c'est lui qui appartient à la couronne, et qu'il lui est impossible d'y renoncer.

Les défenseurs de l'absolutisme rejettent l'idée d'organicité (autarcie ontologique d'une société pensée sur le modèle d'un vivant) parce qu'ils rejettent l'idée de totalité.

Un défenseur de l'idée de bien commun doit plébisciter celle de totalitarisme bien entendu : plus la personne se conforme aux réquisits de son essence, plus elle est cette personne souveraine sur elle-même et maîtresse de ses puissances opératives, dont celles qui l'invitent à excéder la recherche du bien commun terrestre, puisque les puissances opératives sont posées par l'essence et l'explicitent en l'actualisant. Le totalitarisme bien compris ne fait pas se substituer l'État aux communautés inférieures et aux initiatives des personnes, il se les subordonne en revitalisant leurs initiatives et les pouvoirs de les exercer, de même que l'intellect ne se substitue pas aux vertus des organes du corps ou aux offices des facultés qui lui sont inférieures. En s'y substituant, l'État les rend amorphes, passives, il exténue en elles cette nature politique active qui naturellement et spontanément les fait œuvrer pour lui, et il en vient à s'exténuer lui-même dans une totalité mécanique et non plus organique, ainsi non du tout autonome et beaucoup plus fragile, plus proche de la dispersion. L'État soucieux de son aspiration à faire concrètement totalité ne court-circuite ni l'autorité du père sur sa famille, ni celles du patron sur ses employés, du général sur son armée, du professeur sur ses élèves, du prêtre sur ses ouailles, du savant sur la direction de ses recherches.

Une tête excédée par la diversité des organes du corps qu'elle dirige, par là dirigée contre la spontanéité de leurs initiatives, pourrait fomenter le projet ruineux de se substituer à eux en les réduisant à des pièces mécaniques absolument passives mais, tout affairée à remplir leur rôle à leur place, elle en viendrait à s'épuiser à sa tâche, à se disperser et à se rendre incapable d'exercer son rôle directionnel propre. Quand on s'identifie à ce que l'on a vocation à régir, on perd pouvoir sur lui, au point qu'on en vient à se faire investir par lui et à devenir son jouet. Tel est ce totalitarisme à bon droit dénoncé par maints courants politiques, au vrai par tous les courants actuels, mais dont la dénonciation, d'inspiration libérale, est fondée sur un contresens qui oblige, en retour, à réhabiliter l'idée de totalitarisme, mais dans un sens bien différent. Le totalitarisme qui se substitue aux initiatives privées et aux corps intermédiaires est antiorganique, il se résout en mécanisme et en oligarchie elle-même objectivement solidaire des revendications populaires incessantes, de nature ochlocratique ; il s'agit du totalitarisme communiste, qui exténue l'État en l'hypertrophiant : à réduire les initiatives privées à des pièces amorphes de l'État, on les identifie à lui, mais en retour on l'identifie à elles qui reconnaissent en sa toute-puissance l'expression de leur subjectivisme radical. Alexandre Zinoviev avait bien montré, naguère, que dans les régimes communistes le pouvoir vient en fait d'en bas ; chacun se vide de soi-même pour se réduire à un élément du mécanisme social, mais il ne consent à cette aliénation que parce qu'il parvient, en elle, à réduire l'État à l'expression de sa passion égalitaire et de sa rage de toute-puissance : je ne suis rien par moi-même et ne suis que par les autres, mais eux sont dans la même situation que moi, et en dernier ressort nous sommes tous également dépendants d'un grand être substantiel qui n'est que par nous et qui prend conscience de lui-même tout entier en chacun de nous, de sorte que chacun d'entre nous parvient à s'éprouver comme ayant la valeur absolue du tout lui-même.

En revanche, si l'idée totalitaire connote l'organicité, comme le fait le fascisme, alors il convient de la plébisciter en lui reconnaissant la condition d'une société ordonnée au bien commun.

Le privilège accordé au Souverain Bien (le salut individuel par la religion) *contre* le service du bien commun produit, qu'on le veuille ou non, le personnalisme et la démocratie chrétienne, ou les sociétés paternalistes qui meurent par manque d'organicité : le bien commun ne serait que l'instrument du salut individuel, le tout serait ordonné à la partie, alors qu'il est dans la nature du bien commun politique d'être aimé à raison de cause finale. Cela produit aussi la monarchie antinationale (le légitimisme) mais elle a besoin, pour conjurer son basculement logique en esprit démocratique saupoudré de vertu morale et de piété, de se faire théocratique : on tombe dans les excès de Grégoire VII, de Grégoire IX, d'Innocent III, d'Innocent IV et de Boniface VIII, et c'est là du surnaturalisme gravide, par réaction compréhensible, d'insurrections naturalistes : « *gratia non tollit naturam, sed perficit* ». Si le politique se voit relégué au statut d'instrument de l'apostolat religieux, il dépérit, et il recouvre, dans une impulsion réactive et violente, excessive et aveugle, ce qui lui revient de droit mais en évacuant la religion tout entière, cependant que par là, il est vrai, il est aussi voué à dépérir puisque l'ordre naturel sans la grâce n'est même pas capable, depuis le péché originel, d'être véritablement naturel.

Si l'on privilégie le service du bien commun au détriment de celui du Souverain Bien, on tombe dans ce qui fut nommé plus haut le nationalisme nominaliste, qui est un relativisme. « *Right or wrong, my country* ». Mais c'est un individualisme des peuples qui ne peut pas ne pas se consommer en individualisme tout court, lequel fait mourir les peuples. En niant l'universalité des valeurs culturelles, morales et religieuses, on les détruit comme valeurs. Le paganisme était la vision du monde, honorable, de peuples aspirant confusément à la Révélation : la sibylle de Cumes chantée par Virgile dans ses *Bucoliques* (*Églogue IV*) annonce du sein même du paganisme la venue d'un Sauveur divin issu d'une Vierge. Le néo-paganisme, au contraire, est l'expression du refus de la Révélation, inspiré par un gnosticisme renaissant qui promeut lui aussi la déification de la subjectivité humaine, et qui se résout logiquement, quelque mauvais gré qu'il en ait, dans l'esprit démocratique. Telle est la voie antinationaliste qui semble avoir été choisie par la déjà vieille Nouvelle Droite perdue entre Rousseau, Proudhon et Pierre Leroux, qui promeut le micro-nationalisme des régionalismes diviseurs et objectivement fourriers du mondialisme. En s'appliquant au service du bien commun politique, ainsi immanent, en tournant le dos au Souverain Bien transcendant, on dénature ce bien immanent dont l'intégrité tient au fait qu'il se reconnaît le statut d'anticipation de soi du souci du Souverain Bien (§ 7.1.4 et 7.3). Il est en effet, dans un tel mépris de ce dont il est la préfiguration, comme un grain de blé qui refuserait de mourir à lui-même pour s'épanouir en épi, et plus simplement comme une chrysalide insurgée contre sa vocation de papillon : ce faisant, elle est insurgée contre elle-même puisqu'il est dans sa nature de trouver son entéléchie dans sa sublimation.

§ 7.4.4 « Le spectre de la mort lui <l'homme des XVIIe et XVIIIe siècles> est, de plus, une image familière. Certes, on évoque souvent, non sans raison d'ailleurs, l'exceptionnelle vigueur physique de nos ancêtres et leur résistance légendaire à la fatigue et à la maladie. Mais on oublie trop facilement qu'un tel état de fait n'était que la rançon chèrement acquise d'une sélection naturelle d'une incroyable sévérité. En effet, l'épidémie, à cette époque, frappe régulièrement, en moyenne tous les dix ans, car elle joue périodiquement le rôle tragique d'une vaccination collective. Elle frappe, de plus, durement, surtout lorsque — c'est généralement le cas — elle conjugue ses effets funestes avec la famine qui prolonge son action : l'une empêche semailles et moissons, l'autre débilite les organismes, les livre sans défense à l'invasion microbienne, et prive à son tour les champs des bras indispensables pour les faire produire. Tel est le cycle infernal, bien connu des historiens, et douloureusement vécu par nos aïeux. [...] L'homme de ce temps-là éprouve donc le sentiment aigu de sa précarité. Habitué à considérer l'existence terrestre comme une simple étape dont la durée est courte, il vit dans la pensée constante — sereine d'ailleurs, joyeuse même, quoique grave — du bilan à fournir au terme d'une vie qu'il sait éphémère. Aussi, les exhortations au détachement des biens temporels qui tombent de la chaire chaque dimanche trouvent-elles en lui un terrain favorable. Ce qu'il possède lui paraît tellement mal assuré dans sa main fragile ! Pour le conserver, il multiplie les processions, les pèlerinages, les bénédictions et les exorcismes, sans cesser pour autant de recourir aux moyens trop humains, tels que la chicane et la fraude, car il est loin d'être un saint. Néanmoins, il vit intensément, à la fois par force et par conviction, sa condition de dépendance par rapport à Dieu » (*Le Sel de la Terre* n° 108, printemps 2019, p. 139-140, Père Georges Delbos M.S.C.).

L'homme étant pécheur, il avait l'avantage, dans les sociétés monarchiques, de jouir de peu de secours techniques ; la souffrance et la mort étaient omniprésentes, on pensait au Ciel plus facilement qu'aujourd'hui. Il est pourtant dans l'ordre que le progrès technique se fasse, car il est naturel à l'homme de conjurer les dangers, pour autant que cette lutte ne se mène pas au détriment du souci de la fin dernière.

Dans un monde où la victoire technique de l'homme sur la nature risque de le disposer à s'embourber dans la recherche des biens instrumentaux, la seule instance capable d'inviter l'homme, dès le stade naturel, à se dépasser lui-même, à ne pas s'affaisser dans l'hédonisme et l'individualisme, c'est précisément l'organicité fasciste : le fascisme est la radicalisation théorique de l'organicité. Le souci du bien commun est, sous ce rapport, une médiation obligée entre l'individu et le Souverain Bien, et elle doit être d'autant plus accusée que la société est plus complexe, plus sophistiquée quant aux moyens de vivre, par là plus émolliente. Seule une société organique, structurée de telle sorte que tout membre de la cité soit sollicité pour s'accomplir en servant, ainsi pour se trouver en s'oubliant, pour chercher un bien qui soit son bien mais par le moyen duquel il ne se referme pas sur lui-même, peut lui donner de se disposer à s'ouvrir à des biens qui transcendent la sphère du Politique. Seule une société organique est dotée du pouvoir d'accomplir dans un même acte l'exaltation de l'ordre naturel et l'ouverture de ce dernier, quand l'ordre surnaturel s'offre pour le salut des hommes, aux biens qui excèdent cet ordre.

On notera à ce sujet que si la morale concerne la recherche du bien honnête de l'individu (elle vise à le rendre vertueux), la politique est architectonique en tant qu'elle vise le bien commun, qui est de soi supérieur au bien privé. Il reste que la politique ne concerne que la vie de l'homme dans sa condition terrestre, alors que la morale se préoccupe dès ici-bas des biens qui concernent la vie éternelle. Si l'on se souvient que l'intérieur exclusif de l'extérieur, extérieur à l'extérieur, se convertit en son contraire de sorte qu'il n'est d'intérieur effectif que comme intériorité s'extériorisant, on comprendra que la vie politique est extériorisation de la vie privée ou intérieure de l'homme qui n'est absolument homme qu'à vivre avec d'autres hommes. Cela dit, si la vie politique est principe d'actualisation de l'intention morale, elle a raison d'entéléchie de la vie morale, et sous ce rapport elle fait s'actualiser la moralité tout entière ; mais, ne concernant que la vie terrestre de l'homme, la politique actualise la vie morale tout entière mais non totalement ; elle est un degré d'actuation de la vie morale. Et c'est pourquoi sont pris en compte par la morale, parce qu'ils concernent le devenir de l'homme jusqu'au-delà de sa vie terrestre, certains aspects de la vie individuelle qui ne concernent pas directement le bien commun politique et à ce titre sont jugés trop insignifiants pour faire l'objet d'une législation civile, de même que le droit ne prend pas en compte, à la différence de la morale, l'intention de celui qui agit, pourvu que les lois soient respectées, alors que l'homme sera jugé, eu égard à son salut, sur ses intentions. Cela dit, même si la vie politique n'épuise pas totalement les enjeux de la vie morale, elle est absolument nécessaire au progrès de la moralité elle-même. La morale est analyse des mœurs en vue de dégager les finalités auxquelles il est naturel que tendent nos conduites, et certaines finalités excèdent la vie politique ; il reste que la question des mœurs est directement politique : les mœurs sont souvent constitutives de la vie politique, et toujours gravides de conséquences ayant une portée politique. Et si l'intériorité humaine vise ultimement un Souverain Bien qui l'invite à dépasser — surtout quand la morale naturelle est transfigurée par le souci religieux — le niveau d'excellence du bien politique, il reste définitionnel de cette vie intérieure de se recueillir et ressourcer en elle-même pour tendre vers sa fin ultime, ainsi de s'atteindre réflexivement, à partir de son extériorisation qui s'accomplit, précisément, dans et comme vie politique. Tout comme dans les mouvements pneumatiques d'inspiration et d'expiration, le recueillement en soi-même est d'autant mieux accompli que fut assumé avec plus de force le mouvement inverse de l'aller au dehors de soi. Dans ce qui nous occupe, il convient donc de dire que le retour sur soi de l'esprit prenant son élan pour les biens célestes requiert l'ordination abnégative du moi au service du bien commun dans l'élément de l'extériorité politique. Et en vérité ce mouvement dialectique a valeur pédagogique, car le Souverain Bien, qui excède le bien politique, est lui-même, quoique visé par chaque âme singulière au titre de son bien le plus intime, éminemment commun : la vision de Dieu, Bien commun absolu, mais extrinsèque.

Parce que le bien commun a raison de fin du bien particulier, alors l'État, dont l'office est de concrétiser le bien commun, aura toujours plus de poids, par son autorité et son influence, que le conditionnement familial. Et cela est vrai quand bien même l'État dévoyé ne vise plus le vrai bien commun. Ce qui, comme chacun sait, est réalisé aujourd'hui, et depuis longtemps. Pour cette raison, prétendre lutter contre un État inique en préservant ses enfants de l'influence pernicieuse de la vie publique, en s'efforçant à sanctuariser la vie familiale, relève de la chimère si ce souci en soi louable n'est pas relayé et même sous-tendu par celui, politique, de prise du pouvoir par la force. Une telle sanctuarisation imposée certes par les circonstances présente aussi le danger d'accoutumer les esprits bien intentionnés à l'idée que, au fond, la vie privée serait plus précieuse que la vie publique, la vie familiale plus importante et plus noble que la vie politique ; ce qui revient à faire du bien politique l'instrument du bien particulier vertueux. Et ce travers, pour le moins, est éminemment répandu dans les milieux catholiques contemporains, relayé par les clercs de ce fait adeptes conscients ou non de l'esprit démocrate-chrétien. Seul le fascisme sut comprendre qu'« il manquait, dans les masses elles-mêmes [...] cet esprit de sacrifice qui se forme seulement par une éducation idéaliste répondant à des vues qui dépassent l'intérêt immédiat » (Gioacchino Volpe, *Histoire du mouvement fasciste*, Reconquista Press, p. 212).

§ 7.4.5 Activisme et activité contemplative

Il fut question plus haut du fascisme. Le lecteur a compris que, selon l'auteur, c'est dans la forme du fascisme que le nationalisme se révèle le plus adéquatement réalisé. Il reste que le fascisme, pensé théoriquement dans le moment même où il s'inventait pratiquement, n'a pas toujours donné de lui-même la théorisation la plus adéquate, si l'on considère les choses avec soixante-dix ans de recul, et à la lumière des exigences, naturelles et surnaturelles, du Souverain Bien. Il est temps d'adopter une position critique, dont le propos ne sera pas de le condamner, mais bien au contraire, contre les cohortes de ses contempteurs édifiants, de montrer que ses travers étaient circonstanciels et accidentels. Ce qui est évidemment une manière de signifier que le fascisme est éminemment d'actualité, et qu'il le sera jusqu'à la fin des temps.

Un thomiste, et plus généralement un catholique, peut reprocher au fascisme une forte tendance à l'activisme qui se traduit politiquement en régime à forme timarchique, laquelle est pour Platon une déviation de l'esprit aristocratique, qui dégénère bientôt en oligarchie (*La République*, VIII) : si le « cœur » n'est courageux qu'en se subordonnant à l'intelligence qui le mesure, les gardiens ne sont effectivement gardiens que s'ils se subordonnent aux sages qui les dirigent et leur assignent leur fin. Et l'action n'est pas le dernier mot de l'activité humaine qui n'est pleinement humaine et ne culmine que dans l'activité contemplative, définitionnelle du bonheur selon le Stagirite. L'homme n'est homme qu'à vivre pour penser, parce que la pensée est le sommet du vivre et, partant, elle est le sommet de l'être. On n'est pas pour agir, comme si l'agir dépassait l'être en dignité ; on agit pour acquérir un surcroît d'être. Et si la pensée est tenue pour un exercice, ainsi pour une activité, il faut dire que cet agir qu'est la pensée est la plus haute forme d'être : l'être se dit de toute chose, réelle ou possible, il se dit de toutes choses non seulement dans ce que toutes ont en commun (si différentes soient-elles, elles ont en commun d'être de l'être), mais encore quant à ce que chacune a en propre (puisqu'en dehors de l'être il n'y a rien), aussi l'être est-il principe unique d'identification et de différenciation ; mais parce qu'un principe est superlativement ce dont il est le principe, l'être *est* identité de l'identité et de la différence ; or cette identité, comme rédemption de la différence en laquelle elle se nie, comme négation de négation ou *réflexion*, est la forme même du cogito, ainsi du « je pense » ; l'être absolument être est pensée. Si donc la pensée, comme activité humaine, s'ajoute à l'acte d'être de l'homme, ce n'est point du fait que l'agir excéderait la dignité de l'être, c'est parce que l'acte d'être de l'homme n'est pas l'acte d'être absolument être. Et parce que son désir, en tant que réflexif, est illimité, alors l'objet de son désir n'est pas moins que l'être absolument être, lequel ne se peut offrir à l'appréhension que dans la forme d'une pensée, puisqu'il *est* Pensée en tant même qu'il est être. On voit bien que substituer le désir d'agir au désir d'être dans la hiérarchie des biens relève d'une régression, d'un désordre, et que l'activisme, qui fait de l'agir une fin en soi, est une décadence, le fruit d'une maladie de l'esprit. Si vraiment le fascisme se réduit à un culte de l'agir, il participe de la décadence qu'il entendait enrayer.

Dans son *Histoire du mouvement fasciste* (Reconquista Press, 2019, ouvrage publié pour la première fois en 1939), le grand médiéviste Gioacchino Volpe, fasciste convaincu de la première à la dernière heure, rappelle que, selon Adriano Tilgher, libéral antifasciste, « le fascisme est l'activisme absolu transplanté sur le terrain de la politique » (p. 76), et que cette définition fut agréée par Mussolini lui-même qui, quant à lui, déclarait volontiers que « le fascisme est une milice » (p. 75) ; « tout fasciste est un militaire et le fascisme est tout entier une milice » (p. 67). Volpe ajoute (p. 76) que Mussolini, dont il résume le propos, se laissa même à affirmer ceci : « Si le relativisme est la fin du scientisme, si le relativisme reconnaît à la vie et à l'action une suprématie absolue sur l'intelligence, on peut dire que le mouvement fasciste, par sa répugnance à revêtir d'un programme définitif ses états d'âme puissants et complexes, par sa façon de procéder au moyen d'intuitions fragmentaires, est un "super-relativisme". Et si le relativisme se rattache à Nietzsche et à sa *Wille zur Macht*, le fascisme est la plus formidable création d'une "volonté de puissance", individuelle et nationale. » À entendre ces propos, il est difficile de réconcilier le fascisme avec l'esprit de la vie contemplative, ainsi avec la sagesse. Et son slogan provocant « *Me ne frego* », tel un défi à la mort, serait un défi à la méditation, un culte de l'action pour l'action, peu importe la fin qu'elle poursuit ; ce serait en dernier ressort une modalité du nihilisme.

Toutefois, Volpe ajoute (p. 77) que « le fascisme a lui aussi l'ambition d'une "culture fasciste", il a l'idéal d'un "art fasciste", d'un "style", d'une façon de vivre "fasciste". Mussolini déjà pense et affirme que le fascisme doit se donner une philosophie : autrement dit, il doit acquérir, par la réflexion, pleine et entière conscience de soi ». Mussolini proclamera lui-même : « Nous voyons dans le catholicisme la tradition de Rome ; dans l'autorité qui siège au Vatican, la seule idée universelle qui existe au monde » (p. 55). « Car nous sommes aussi réactionnaires, nous réagissons au trantran démocratique, selon lequel tout doit être gris, médiocre, niveleur, où tout est fait pour rendre l'autorité de l'État provisoire, éphémère, effacée, depuis le roi trop démocrate jusqu'au dernier des fonctionnaires » (p. 97). « [...] la politique fasciste de réintégration des valeurs religieuses et morales est entièrement indépendante du consentement ou de la désapprobation des partis qui, de toute façon, prétendent monopoliser la conscience catholique du pays » (p. 108). La réforme Gentile fit replacer le crucifix dans les écoles et réactualiser l'enseignement du catéchisme aux enfants (p. 123).

Le fascisme fut un mouvement qui dura, comme mode de gouvernement, vingt-trois ans, de 1922 à 1945, ce qui est fort peu d'un point de vue historique. Aristote explique dans sa *Métaphysique* (A2) que la philosophie est née de l'étonnement, que la recherche du pourquoi ou de la cause ultime est exercée pour elle-même et non en vue d'une fin extérieure, qu'elle est ainsi une discipline libérale et non servile, et que c'est seulement après que les besoins élémentaires ont été satisfaits, après que les arts serviles ont été maîtrisés, qu'elle peut naître ; elle est première en intention et ultime en exécution. Ce qui est jeune jouit de l'acte de vivre, se ravit d'éprouver la vie qui palpite en lui, s'émerveille de constater que tout fonctionne organiquement en lui, n'est pas encore assez mûr pour s'interroger sur le sens de la vie (sa direction ou sa finalité, et son intelligibilité), mais cette interrogation est déjà là d'une certaine façon, sans encore accéder à la conscience d'elle-même, puisque l'acte propre du dernier ou suprême degré de vie est précisément la recherche et la contemplation spéculatives du sens même de la vie. En mûrissant, la vie s'intensifie, et en s'intensifiant elle s'épanouit en réflexion, en s'intériorisant. Mais il n'appartient de s'intérioriser qu'à ce qui commence par s'extérioriser, par se risquer au dehors en frôlant de se perdre, et c'est pourquoi il est définitionnel de la vie d'être une victoire sur la mort. Qui dit victoire dit conflit, guerre, milice. Et, pour autant qu'une doctrine politique soit expressive de la nature des choses et des hommes, il en est de la vie d'une doctrine politique comme il en est de la vie individuelle : elle s'anticipe dans la gratuité irrationnelle de sa prodigalité généreuse pour s'en faire surgir comme raison apaisée. Il était rationnel que le fascisme, comme expression achevée de l'organicité politique, ainsi comme doctrine d'un bien commun immanent (politique) ayant vocation à s'achever (aux deux sens du terme), dans la mort de chaque homme, dans le service du souci d'un Souverain Bien transcendant, fût une exaltation de l'action avant que d'être une organisation de la cité toute tournée vers la vie contemplative. C'est donc faire un mauvais procès au fascisme que de le taxer de nihilisme. Si l'on se souvient que la vie est victoire sur la mort, et que la vie naissante est tournée vers le dehors avant que de revenir vers son centre intérieur (« *ab exterioribus ad interiora, ab interioribus ad superiora* », disait saint Augustin), on comprend que la première forme de discipline que se donne le vivant conscient est celle de l'art militaire, sans lequel l'élaboration de la morale serait verbale ; on apprend à se discipliner en affrontant l'hostilité de l'extérieur. C'est donc encore un mauvais procès, formulé par des esprits séniles et aigris celant leur ressentiment sous le masque de la sagesse austère, que d'accuser le fascisme de démesure timocratique. Les contempteurs du fascisme qui se veulent « de droite » sont coutumiers des procès de ce genre, mais ils sont en vérité des vieillards fatigués — fatigués non seulement dans leurs glandes, mais encore dans leur pensée psittaciste et stérile — qui interdisent à la jeunesse de prendre le relais de l'action et de la pensée par haine de leur propre stérilité qu'ils projettent sur cette jeunesse par eux condamnée à vieillir en même temps qu'eux. Volpe rappelle à ce sujet que la réforme Gentile fut considérée par Mussolini comme « fasciste par excellence », autrement dit (*dixit* Volpe) « adhérente à un mouvement qui refusait d'être une idéologie, un système clos, un programme donné d'avance comme guide à l'action, mais voulait être une action, une pensée-action qui se clarifie elle-même en se réalisant » (p. 123). La fin de la Politique en tant que telle n'est pas la contemplation de la vérité mais l'œuvre à produire, à savoir la société dans son ordre naturel, et sous ce rapport il est légitime que la vérité d'une idée cherche à s'éprouver, pour s'y rectifier, dans sa réalisation pratique ; cela ne compromet nullement la fin dernière de la Politique, qui est de la faire s'achever en se sublimant en activité contemplative. En 1925 fut fondé un « Institut fasciste de culture » qui se proposait non seulement « d'opposer les intellectuels fascistes aux antifascistes, mais aussi d'exercer une action au sein du fascisme, d'éclaircir les idées, de promouvoir la féconde collaboration des hommes de pensée et d'action, *de ramener les fascistes à une appréciation plus exacte de la culture, d'empêcher que le culte légitime de l'action, la manie de "réaliser", l'évaluation exagérée de la passion, de l'intuition, de l'irrationnel, n'aboutissent à une sorte de crédit ouvert à l'ignorance* » (p. 130). Comme on le voit, le fascisme avait déjà répondu à ses sourcilleux détracteurs « de droite », qui nous font croire qu'ils méditent alors qu'ils digèrent.

S'il est dans la vocation de la monarchie qui n'est que monarchie — c'est-à-dire de la monarchie incapable de se ressourcer dans l'organicité du fascisme — de se scléroser pour se durcir en société de classes dont l'iniquité engendre par réaction le dynamisme déréglé du libéralisme méritocratique ; s'il est dans la logique de tout libéralisme de mondialiser son économie sous la seule pression de la concurrence non encadrée par un État fort qui maintient l'économie dans les limites du service du bien commun ; s'il est dans la nature de toute démocratie d'être individualiste, par là de ne promouvoir que des biens que l'individu rapporte à soi, ainsi des biens matériels que le libéralisme se propose efficacement de produire sans fin ; s'il est enfin dans la logique de tout mondialisme libéral de se convertir en État mondial collectiviste, alors on peut dire, sans exagération, que seul le fascisme permet de conjurer la chute de l'homme dans le communisme planétaire. Seul le fascisme est *efficacement* réactionnaire, précisément parce qu'il est révolutionnaire.

§ 8 Nationalisme et fascisme

Nous ne pouvons, au terme de la démonstration que nous nous étions proposé de développer dans la présente plaquette, que reprendre la conclusion de notre livre consacré au nationalisme :

Il n'est, en politique, de tradition vivante et de souci du bien commun que selon un mode métaphysique et *idéaliste* de réflexion politique : comme manière idéale d'être homme, la nation est une idée incarnée ; il n'est de réalisation politique de l'Idée métaphysique que dans une forme *nationale* de l'État ; il n'est de principe national voué au bien commun que s'il est *organiciste* ; il n'est d'organicité nationale que si elle est *nationaliste* ; il n'est de nationalisme que s'il est *fasciste* ; il n'est de fascisme capable de dépasser l'élan sentimental qui le suscite que s'il est *catholique*. Voilà ce que nous retirons de notre analyse des *Doctrines du nationalisme* de Jacques Ploncard d'Assac.

§ 9 Reste à évoquer quelques problèmes résiduels, posés par les premiers lecteurs de notre travail développé dans le sillage de celui de Jacques Ploncard d'Assac.

§ 9.1 La France, l'islam et le sionisme

Le premier problème concerne le **positionnement du nationalisme français dans le conflit israélo-arabe.**

Il est clair qu'un nationaliste français est catholique et n'est complètement français que s'il est catholique. Le catholicisme doit être religion d'État, c'est la seule manière de ne pas faire s'opposer souveraineté politique et magistère religieux. S'il y a séparation des deux — nous l'avons déjà écrit ici —, la religion sera reléguée dans la sphère du privé, sans perdre (ce à quoi elle ne saurait consentir) son autorité qui par nature l'emporte sur l'autorité politique ; mais alors l'intérêt porté au privé violentera le souci du bien commun : le public serait ordonné au privé, ce qui est contre nature ; et si l'État revendique sa légitime majesté dans ce contexte, il se subordonnera légitimement la sphère du privé, mais, ce faisant, il se subordonnera la religion, ce qui est contraire aux exigences de l'ordre surnaturel. La seule manière de respecter les deux sphères, c'est de faire de la religion la religion de l'État, non au sens où l'État serait l'objet d'un culte religieux, mais au sens où l'État se veut le gardien de la vraie religion, le soutien de sa diffusion et de son intégrité : le privé peut ainsi rester ordonné au public (comme l'exige le bien commun) sans que le bien de la religion soit violenté. Et ce serait l'objet d'un autre travail que de montrer que la seule vraie religion est le catholicisme. Cela dit, le Juif est au chrétien ce que la chrysalide est au papillon. Les néo-païens, comme les catholiques antifascistes, ont en commun avec les Juifs — ce qui les fait se ressembler les uns aux autres et les rend objectivement alliés les uns des autres — de méconnaître la profonde vérité catholique suivante : le papillon s'anticipe dans la chrysalide (qui sous ce rapport *procède* de lui : c'est le chrétien qui est le véritable frère aîné du Juif) et se fait advenir par elle qui *s'achève* en lui, aux deux sens du terme ; elle trouve en lui sa vérité qui, dans un même acte, la parfait et la *supprime*, de sorte que le plus radical ennemi du Juif est précisément le chrétien. Le Juif ne s'y trompe pas :

Le rabbi Shlomo Aviner (*Rivaro*l n⁰ 3378 du 22 mai 2019, page 4) voit dans l'incendie de Notre-Dame de Paris « un châtiment de Dieu sanctionnant l'autodafé <de 1200 exemplaires du Talmud il y a 777 ans> qui eut lieu aux abords de la cathédrale en 1242. [...] Le christianisme est notre ennemi n° 1 à travers l'histoire ». La communauté juive sait ce qui véritablement la menace : c'est le catholicisme intègre, et non le romantisme néo-païen. Quand advient le christianisme, il ne reste objectivement et en droit strictement *rien* du judaïsme, parce que celui-ci est dépassé et assumé par celui-là ; quand en revanche le paganisme parvient à exténuer le christianisme, il laisse le judaïsme proliférer à côté de lui.

Conséquence : les Juifs appartiennent aux poubelles de l'histoire du salut, ils n'ont aucune vocation naturelle, et leur vocation surnaturelle est obsolète. Mais revendiquer sa judéité aujourd'hui revient à plébisciter la mise à mort du Christ, en revendiquant l'héritage de ses ancêtres déicides, et l'entité sioniste se veut la nation des Juifs. **Donc on ne peut être catholique et sioniste. Ce faisant, on ne peut être nationaliste et sioniste : le sionisme est ce nationalisme qui se propose de détruire toutes les nations pour instaurer une religion noachide subsumée par un judaïsme qui se voudra l'intercesseur unique, comme incarnation collective et messianique de Dieu, entre l'homme et Dieu, et qui réalisera au profit des seuls Juifs ce qu'il voudrait être le paradis sur terre ; pour les Juifs, Église et nation sont une seule et même chose.** Il en résulte que, si l'islam n'a aucun titre à s'imposer en France, en revanche, hors de France, les alliances nationalistes ne peuvent se faire, contre le sionisme, qu'en solidarité avec les peuples arabes et musulmans, non en tant qu'ils sont musulmans mais en tant qu'ils sont arabes.

Et il ne faut jamais oublier que, comme l'enseigne avec insolence et cynisme le rabbin Touitou, l'islam est le balai d'Israël qui a toujours favorisé l'islam pour détruire Édom. Toute alliance avec les sionistes contre l'islam, en France et hors de France, est vouée à l'échec. L'entité sioniste, comme Carthage, a vocation à être détruite. Tout autant, opposer les intérêts de l'entité sioniste à ceux du judaïsme international investi dans le mondialisme, c'est une chimère. Si l'on est opposé à la vision juive du monde, on doit être opposé à l'existence même de l'entité sioniste autant qu'au judaïsme international, parce que c'est la même puissance. Prétendre le contraire relève d'un machiavélisme au petit pied, et d'un machiavélisme dérisoire et aveugle. C'était déjà la position des républicains nostalgiques de l'Algérie française, qui avaient opté pour l'entité sioniste contre le monde arabe. La réflexion, mais aussi le cours de l'histoire, nous apprennent que c'était là un mauvais calcul, parce que le sioniste ne veut le nationalisme pour lui-même qu'en tant qu'il aspire au mondialisme pour tous les autres.

Les mondialistes, en tant que mondialistes, se subordonnent le sionisme en son effort de détruire les nations pour subsister comme seule nation souveraine et hégémonique, parce qu'ils sont eux aussi opposés aux nationalismes. Il n'est pas exclu que certains mondialistes soient antisionistes à long terme tout en favorisant Israël à court terme à cause de son travail de destruction des nations, européennes en particulier, mais que les premiers en viennent ultimement à détruire l'entité sioniste elle-même. Les sionistes, quant à eux, ont deux fers au feu. En tant que nationalistes juifs, c'est-à-dire en tant que mondialistes œuvrant au profit du nationalisme juif, les sionistes peuvent exacerber la haine musulmane contre Édom pour le détruire, puis détruire la puissance musulmane après avoir enterré l'Europe chrétienne ; ils peuvent aussi, après avoir mis l'Europe en grand danger d'être subvertie par l'islam, jouer sur leur nationalisme pour se poser en modèle des nationalismes européens et s'imposer en recours, afin de se les subordonner ensuite. Ils pratiquent les deux méthodes en même temps. Les sionistes en tant que sionistes sont opposés au mondialisme en tant qu'il est antisioniste par là qu'il est antinationaliste, mais les sionistes ne peuvent pas se passer du mondialisme pour parvenir à leurs fins. Peut-être un certain judaïsme international et mondialiste est-il antisioniste, mais il est tel parce qu'il est plus mondialiste que juif, et c'est comme mondialiste qu'il doit être identifié et combattu. Cela dit, puisque le mondialisme antisioniste n'est tel que parce qu'il est antinationaliste, il est incohérent de faire jouer, au nom du nationalisme européen, le mondialisme antisioniste contre le sionisme au prétexte que le sionisme déploie une praxis mondialiste. Les nationalismes européens sont en demeure de rejeter toute forme de mondialisme et toute forme de sionisme, non parce que mondialisme et sionisme s'identifie-raient *stricto sensu*, mais parce que leur rivalité s'exerce, au moins à court et moyen terme, à l'intérieur d'une solidarité profonde.

Cela dit, l'islam enkysté dans les pays d'Europe est certes antisioniste, mais il ne poursuit en Europe son combat anti-sioniste que dans le but d'islamiser l'Europe, c'est-à-dire de rem-plir le programme à lui assigné par le judaïsme ; il n'existe pas d'islam modéré. Il serait donc encore incohérent de la part d'un nationaliste européen de faire cause commune avec l'islam d'Europe contre le judaïsme, puisque cet islam est parfaitement capable de faire cause commune avec l'américano-sionisme contre les nationalismes européens si d'aventure ces derniers en venaient, comme ils doivent le faire, à prétendre se libérer de l'invasion islamique.

En résumé :

En Europe : aucune alliance, sinon avec des Européens et des chrétiens. Ailleurs, alliances avec les nationalismes arabes — musulmans ou non — contre l'entité judéo-sioniste.

§ 9.2.1 Nation et empire

Le deuxième problème concerne **la relation obligée entre la nation et l'empire**.

Un bien est d'autant meilleur qu'il est plus commun, il y a donc un bien commun des nations comme il y a un bien com-mun des personnes dans chaque nation. De fait, à toutes les époques de l'histoire, une nation suzeraine s'est dégagée comme ayant vocation à exercer ce rôle (elle le fit bien ou mal) de suze-rain ou au moins d'arbitre des nations en vue du bien commun universel : Alexandre, Rome, le Saint-Empire, la France, aujourd'hui les États-Unis. Ce rôle ne peut être dévolu à l'Église, sinon par accident, parce que ce serait convoquer une institution surnaturelle pour résoudre un besoin naturel, et cela compromet le principe de la gratuité de la grâce, puisque l'ordre naturel (politique) serait supposé requérir une institution surnaturelle (l'Église) pour fonctionner, non seulement à cause des effets accidentels du péché originel, mais par essence ; ce qui reviendrait à rendre la surnature exigible alors qu'elle est gratuite. On se battra longtemps pour savoir à quelle nation reviendrait le privilège aujourd'hui, en Europe, d'exercer une vocation impériale. Pour faire court et n'indisposer personne, nous citerons la revue *Le Sel de la Terre*, hiver 2012-2013, nº 83, p. 38, article « La Mission de Jeanne, La Pucelle et les Faussaires » (dernières lignes), par Michel Defay citant le Père Decout S.J. : « Gardons ainsi la confiance indomptable, fondée sur une multitude d'avis convergents, "que le Très-Haut considère encore ce peuple (la France) comme celui dont le clair génie demeure *le plus apte à faire rayonner sur le monde les doctrines qui sauvent*". » Telle est bien la véritable vocation de la France : exercer un magistère spirituel et essentiellement spirituel, ce qui suppose certes une puissance temporelle suffisante, mais qui exclut que la France puisse nourrir la prétention d'exercer un magistère *politique* sur la Chrétienté.

Pour nous faire mieux comprendre, nous nous autoriserons à citer Joseph Mérel :

« La France et l'Allemagne constituent la moelle épinière de l'Europe ; *et la France est à l'Allemagne, mutatis mutandis, ce qu'était la Grèce par rapport à Rome* **: à la France le magistère spirituel, à l'Allemagne le magistère politique ; Alexandre de Roes (mort en 1288), chanoine de la collégiale de Sainte-Marie-du-Capitole de Cologne, théoricien allemand de la politique, définissait de manière prémonitoire la manière dont il envisageait dans la Chrétienté, ainsi dans l'Europe, la répartition des vocations : aux Allemands le** ***"Regnum"*** **ou l'Empire, aux Français les arts libéraux (le magistère intellectuel), aux Italiens le** ***"Sacerdotium"*** **(la papauté). Othon Iᵉʳ, couronné empereur en 962 à Saint-Pierre de Rome par Jean XII, s'est certes rendu coupable de destituer**

ce dernier en subordonnant l'élection papale à l'aval de l'empereur. Cela explique la réaction postérieure tout aussi excessive des *Dictatus papae* de Grégoire VII et de la bulle *Unam sanctam* de Boniface VIII — autant d'initiatives surnaturalistes viciées dans leur principe par les assises fallacieuses, parce que fondées sur de pieux mensonges historiques, de la pseudo-Donation de Constantin et des fausses Décrétales que ce théocratisme crut bon de se donner. Mais un tel césarisme ne condamne nullement le principe de l'Empire, pas plus que la subordination politique, illégitime, du pape au roi de France sous Philippe le Bel, ne condamne le principe monarchique.

« Il existe une nature des peuples, expressive de leur vocation, qui resurgit toujours quelque effort que l'on fasse pour l'enrayer : écrasée, salie, spoliée, calomniée, humiliée depuis 1945, l'Allemagne est néanmoins parvenue à s'imposer en Europe telle la nation la plus puissante, dans le seul domaine où il lui fut permis de s'exprimer, à savoir celui de l'économie. Qu'on le veuille ou non, notre Troisième millénaire est celui d'une conception planétaire du politique, qui doit être assumée comme telle par chaque nation, de sorte qu'il est dans la vocation de tout grand pays d'accéder à la conscience politique de la véritable position que lui assignent ses qualités propres dans la hiérarchie spirituelle des nations » (*Présentation de l'Institut Charlemagne*, DMM, 2016, p. 11 et 12).

Le magistère que la France doit recouvrer est d'abord intellectuel. Chaque fois que la France a prétendu se substituer au Saint-Empire, ce fut en favorisant l'hérésie protestante et les victoires mahométanes (François Ier, Henri II, Richelieu, et maints autres). Revendiquer aujourd'hui pour la France le statut de « peuple élu », c'est adopter une conception judéomorphe de notre nation, avec toutes les conséquences que cela implique (les pitreries historico-théologiques du « marquis » de La Franquerie, la pieuse fiction de la « sainte Ampoule », etc.), ainsi une conception non catholique, puisqu'il n'y a plus, pour le catholique, de peuple élu, fors celui des baptisés, qui n'est pas un peuple politique.

On voudra bien observer à ce sujet l'effet pervers de l'idée de France peuple élu, de « *Gesta Dei per Francos* », etc. Le Juif, a-t-il été dit, est comme une chrysalide qui se refusera à devenir papillon parce qu'il la supprime, cependant qu'elle trouve son bien en lui ; le Juif est donc insupportable à lui-même, et en retour tout ce qui se prétend peuple élu alors que le papillon chrétien est né depuis longtemps a vocation à devenir psychologiquement juif ; un peuple élu est une chrysalide ; la France comme peuple élu aura donc tendance tantôt à se rapprocher des Juifs qu'elle singe (certains néo-maurrassiens judéophiles), tantôt à aspirer à se constituer en nation universelle vouée à coïncider avec le Monde (tel fut le rêve délirant d'un Victor Hugo : la France serait la préfiguration de l'État mondial, elle aurait vocation à mourir pour devenir le Monde), tantôt à refuser cette sublimation mondialiste mais à prétendre traiter les autres nations d'Europe comme de vils goyim en mettant la zizanie en Europe afin de diviser pour régner. Saint Louis, qu'il serait tout de même difficile de taxer de néo-paganisme et auquel on aurait du mal à reprocher de manquer d'esprit surnaturel, s'éleva contre la guerre menée par Grégoire VIII et Innocent IV à l'empereur. Il refusa de laisser le pape venir en France où ce dernier voulait se soustraire à une entrevue avec Frédéric et le frapper d'excommunication, pour éviter un règlement juridique des comptes. Saint Louis fut imité par les rois d'Angleterre et d'Aragon. Il supplia vainement Innocent IV d'arrêter sa guerre contre l'empereur que celui-là venait d'excommunier, au nom du danger mongol qui pesait sur toute la chrétienté. Mais le pape proclama la croisade contre Frédéric II, suscita la révolution et la guerre civile en Allemagne et en Italie. Saint Louis reprocha à Grégoire IX de vouloir fouler sous ses pieds tous les royaumes chrétiens. Il refusera la couronne impériale que lui offrait Innocent IV.

L'Empire romain, de la décomposition duquel sont nées les nations d'Europe, demeura toujours, légitimement, l'idéal d'unité de la Chrétienté, c'est-à-dire le principe du bien commun des nations d'Europe. La « *translatio imperii* » s'accomplit au profit du monde germanique, avec Charlemagne puis Othon Ier le Grand. Mais le goût pour le pouvoir des empereurs avait peine à reconnaître à la puissance ecclésiale sa légitime souveraineté dans son ordre propre, ce qui invita cette dernière à s'arroger un droit temporel infondé, rival des puissances politiques, qui en retour suscita l'ire impériale. Les papes se tournèrent vers le royaume des Francs pour se soustraire à la férule germanique. De là vint l'idée que la France serait le « Nouvel Israël », nation dotée d'une « mission divine », etc. Mais ce sont là des titres ronflants non du tout étayés par d'autres raisons que de circonstance. Néanmoins, le propre de la France, c'est d'être comme la synthèse de tous les aspects du génie européen, et en cela elle a une vocation spirituelle unique au sein du monde européen ; il est normal qu'elle soit un peu italienne et allemande à l'est, anglaise à l'ouest, espagnole au sud, flamande au nord ; elle n'est ni espagnole ni flamande ni italienne ni allemande, elle est française, elle convertit tous les aspects de l'Europe à son identité qui les sublime, elle est la conscience de soi du génie occidental. Ce qui ne signifie pas qu'elle devrait franciser l'Europe entière et se substituer au Saint-Empire. Par la diversité de ses peuples d'origine (tous indo-européens) aujourd'hui fort mêlés, par la variété de ses climats et de ses paysages, la France est un peu ce creuset dans lequel le génie indo-européen a fait se réfracter toutes ses facettes, de telle sorte que, si cette pluralité est parvenue — non souvent sans douleurs, doutes, régressions, conflits — à former un ensemble homogène, c'est qu'elle était destinée non seulement à faire coexister les éléments de cette pluralité, ou à les mêler matériellement, mais à s'en faire la synthèse, laquelle dépasse toujours les richesses de ce qu'elle intègre, parce qu'une synthèse suppose un principe formel dont le surgissement naît de l'appétit de la matière qu'il informe ; cet appétit n'est autre que la résultante des tendances de chaque composant à s'imposer au détriment des autres (attraction et répulsion concomitantes : ils s'attirent et se corrompent mutuellement), qui par là se nient réciproquement ; l'éduction d'une forme nouvelle, plus complexe que celle des éléments qu'elle arraisonne, est l'effet de cette négation réciproque, laquelle est négation de négation : négation de la négation de soi du tout qu'était, sans se savoir l'être, chaque élément chronologiquement premier mais ontologiquement second ; si la forme de l'eau survient quand l'hydrogène et l'oxygène sont adéquatement disposés pour la rendre possible, c'est parce que ces deux éléments procèdent proleptiquement de l'eau ; il en est de même pour les formes nationales ; quelque chose de plus parfait (la forme ou principe de synthèse des éléments qu'elle intègre) peut naître du conflit des moins parfaits parce qu'ils se convertissent à leur identité concrète en se contestant réciproquement. Et il n'est pas douteux qu'il existe un esprit français, en lequel les autres peuples reconnaissent depuis toujours le génie de la concision et de la clarté, c'est-à-dire un sens aigu de l'universel. Mais ce sont là des vertus naturelles, non surnaturelles. Que cette disposition naturelle habilite la France, en tant que catholique, à se faire l'instrument privilégié tant de l'explicitation du dogme catholique que, par son universalité, de diffusion de tous les aspects de la pensée européenne, cela ne fait pas de la France un « peuple élu », un peuple surnaturellement choisi. Au mieux peut-on dire que la dispensation de ses dons naturels fut providentielle ; mais il n'y a pas « élection » comme le fut celle du peuple juif jadis choisi — au reste non du tout pour des qualités naturelles dont il était objectivement singulièrement dépourvu si l'on se permet de le comparer aux autres cultures qui lui étaient contemporaines — pour parvenir à sa perfection dans l'acte de mourir à lui-même dans la surrection de l'Église.

Nous pensons pour notre part que les nationalistes européens ont vocation à œuvrer pour un National-socialisme allemand entendu comme préfiguration de la reviviscence d'un Saint-Empire qui sera désormais respectueux des identités nationales, et pour des Fascismes nationaux avec, parmi eux, un magistère spirituel revenant à la France, conformément aux vues prémonitoires d'Alexandre de Roes.

Comme le rappelle Vincent Reynouard dans ses courageuses vidéos :

« Cette guerre <celle de 39-45> dépasse nos patries respectives. Elle dépasse même les continents pris en tant que réalités géographiques isolées. C'est un bouleversement de l'histoire, c'est une révolution mondiale totalitaire qui oppose, avec l'inflexibilité de la nécessité historique, des idéologies fondamentales et des conceptions de la vie collective entre lesquelles il n'est pas de compromis possible » (Martin de Briey, intellectuel français national-socialiste et catholique fervent, *Le Lien*, juin 1943, p. 3) ; « Si le conflit était entre la France et l'Allemagne, tous les Français, sauf les traîtres et les fous, seraient avec la France contre l'Allemagne. Mais c'est précisément parce que le conflit n'est pas entre la France et l'Allemagne, mais qu'il est entre l'idéologie révolutionnaire que représente l'Allemagne et les idéologies opposées — Capitalisme, impérialisme et Bolchevisme universel — que représentent l'Amérique du Nord et la Russie, c'est pour cela que les Français ne sont pas d'accord entre eux et meurtrissent leur unité » (*ibid.*, juillet 1943, p. 2).

Et cette guerre n'est pas achevée aujourd'hui. Les enjeux du combat politique des nationalistes français et européens sont exactement les mêmes, quant à l'essentiel, que ceux de 1939. Ce qui a changé, c'est la puissance des nations européennes aujourd'hui considérablement plus faibles qu'il y a soixante-dix ans ; c'est aussi l'état aujourd'hui pour le moins alarmant de l'Église catholique ; c'est enfin que, avec l'expérience des effets effroyables de la défaite de 1945, la pertinence de la vision fasciste du monde est magistralement confirmée.

L'esprit démocratique est solidaire de l'esprit du mondialisme. Que la communauté humaine, par la nature des choses, soit mise en demeure, pour s'organiser politiquement, de se scinder en communautés distinctes (il n'y a nation que parce qu'il y a *des* nations), oblige à reconnaître que la maîtrise de son auto-organisation n'est pas totale. Mais cela même atteste que la volonté humaine n'est pas souveraine en matière politique, et qu'elle est mesurée par une nature politique lui assignant une limite. Or la démocratie est le régime qui prétend se fonder sur la souveraineté populaire selon laquelle chacun n'obéit à tous que pour n'obéir à personne, et n'obéit à personne que pour n'obéir qu'à lui-même, dans une revendication infinie d'autonomie : le rêve serait de jouir d'une indépendance absolue, mais l'indépendance dit la solitude qui, pour l'homme, dit la décrépitude et la mort ; donc il faut que tous les hommes ne soient qu'un seul homme, et que chaque individu soit la conscience de soi de cet homme ; et cet homme unique, c'est la cité mondiale qui, substantifiée, contient actuellement comme ses accidents toutes les manières d'être homme. Puis donc que l'esprit démocratique est la revendication d'une liberté infinie, la démocratie ne reconnaît la consommation de ses vœux que dans l'État mondial. Or la démocratie moderne, qui laïcise l'esprit de libre examen, est fille du protestantisme. On sera donc fondé à conclure que si le surnaturalisme des papes théocrates n'avait pas, dans sa précipitation à se libérer de la férule impériale, exacerbé la fibre judéomorphe du royaume des lys qu'elle rendit par là rival acharné, passionnel et aveugle, du Saint-Empire, les rois de France n'eussent pas financé et soutenu militairement les « libertés germaniques » huguenotes, et la matrice de l'esprit démocratique eût été tuée dans l'œuf. Mais avec elle c'est la tentation mondialiste qui eût été conjurée.

§ 9.2.2 Levée d'une équivoque : empire et mondialisme

Une nation suzeraine — un Saint-Empire — fédérant impérialement des nations n'est pas l'État mondial. Elle ne prétend pas, dans et par une forme politique, faire advenir la réalité en acte *terrestre* de toutes les potentialités de la nature humaine.

Plus précisément, le vrai nationaliste vise, par le recours ultime à l'idée d'empire subsumant les nations sans se substituer à elles, le bien commun immanent de la communauté humaine tout entière, et il le vise en aspirant d'abord à faire se réaliser le bien commun de chaque nation. Il vise ainsi la réalisation en acte de toutes les potentialités de la nature humaine, mais cela n'en fait pas un mondialiste.

En effet, l'objectif du mondialiste est de déifier l'homme. Pour ce faire, il commence par détruire toutes les nations qui enjoignent à chaque homme de se subordonner à un idéal naturel, ainsi hérité et imposé, afin de rassembler tous les hommes dans un seul État qui sera l'État d'une nation mondiale construite, ainsi artificielle : pour déifier l'homme, il suffira de réduire l'essence ou nature humaine à l'ensemble des relations sociales et à faire de chaque individu la conscience de soi du tout, de sorte que chaque individu sera l'Homme à lui tout seul, à la manière dont un ange est son espèce. Et parce que cet Homme sera le fruit du vouloir humain (la cité n'existe que par l'homme), un tel Homme sera le résultat de l'engendrement de l'homme par l'homme, créateur de lui-même, et divin en tant que créateur. Il s'agit de faire en sorte que la nature humaine soit tout entière *et totalement* en chaque homme, pour que ce dernier ait valeur d'ange, mais en maintenant qu'il n'existe que *des* hommes, ainsi des individus d'une même espèce (ce que répudie la condition d'ange). On tendra à ce résultat contradictoire en exigeant que toutes les manières d'être humain soient assumées par chaque individu qui, par là, se voudra homme et femme, manuel et intellectuel, poète et financier, père de famille et célibataire, Blanc et Noir, etc., car quand un singulier épuise à lui tout seul, les actualisant en lui-même, toutes les potentialités de son espèce, il remplit les conditions à raison desquelles un individu *est* son espèce. Le citoyen de l'État mondial, dans sa prétention à être l'Homme, est cet « Aadam Kadmon » dont la Kabbale fait l'Homme archétypal, mais aussi — et ce n'est pas un hasard — le chef des anges, le Monde créé dans sa totalité, et enfin Dieu créateur lui-même.[2] L'homme de l'État mondial, devenu l'Homme, prétend faire se réaliser en lui-même non seulement toutes les manières d'être homme que les nations avaient, en leur diversité, vocation à réaliser collectivement,

---

[2] Voir *La Kabbale*, par Henri Sérouya, PUF, 1967, p. 39.

mais encore toutes les manières de réaliser les fonctions différentes intérieures à chaque nation. Au contraire le nationaliste,
qui fait, autant qu'il est possible, couronner l'irréductibilité des
nations par un empire qui les respecte dans leurs différences,
entend actualiser selon divers degrés d'extériorisation de sa vie
intérieure la richesse de la nature humaine qui est en lui tout
entière *et non totalement* ; il y parvient en se réduisant à une fonction parmi d'autres dans sa nation, seule extériorisation adéquate, et il sert sa nation parmi d'autres nations dans le concert
de la communauté mondiale. Il sait qu'il doit consentir à être
mâle ou femelle, laboureur ou notaire, pour être membre d'une
nation, et qu'il doit être Français, Espagnol ou Chinois pour être
membre véritablement humain de la communauté humaine
mondiale, et qu'il ne peut être ni homme et femme en même
temps, ni Français et Chinois en même temps. C'est que, n'étant
pas son espèce, laquelle est investie tout entière et non totalement en lui, il a vocation à en déployer les richesses selon *différents degrés d'objectivation*, du plus élémentaire (la différence
sexuelle, le patrimoine génétique diversifié en races) au plus
accompli (l'identité nationale). Et ces degrés d'objectivation,
auxquels il s'ordonne comme s'y rapportant, ont pour terme
inaccessible et modèle intemporel cette Idée divine d'homme
préexistant de toute éternité, comme universel de causalité et
archétype créateur, dans la Pensée divine. Parce que ce terme
idéal est par définition inaccessible à l'agir humain, plus le degré
d'objectivation sera élevé, moins parfaite sera l'unité de cette
forme d'objectivation : l'unité de l'empire (de nature féodale,
non étatique) est plus précaire que celle de la nation, tout
comme l'unité de la vie nationale n'a pas la perfection de l'unité
de l'individu existant. C'est au-delà du Politique que s'accomplit une telle unité tendant à la perfection, mais surnaturelle et
religieuse, qui rassemble les hommes comme les membres d'un
même Corps mystique, mais qui est d'essence ecclésiale. Parce
qu'il est définitionnel de toute essence de n'être existante que
comme individuée (être, c'est être *un* être) ; parce qu'il est définitionnel de l'essence humaine de n'être individuée que comme

étant tout entière *et non totalement* dans celui en lequel elle se réalise, alors plus est déployé phénoménalement le contenu de cette essence — plus elle tend, donc, à se réaliser *totalement* —, moins est acquise l'unité de son déploiement. **Telle est la loi de la finitude humaine que le nationaliste respecte et que le mondialiste violente.** Que l'unité des richesses spirituelles, déployées collectivement, de la nature humaine, soit moins parfaite que l'unité de l'individu, cela n'empêche pas cet individu de s'ordonner comme à sa fin au déploiement de ces richesses. En revanche, quand on prétend faire se réaliser totalement le déploiement de cette richesse, c'est-à-dire la faire se déployer selon l'unité de l'Idée divine, mais par l'homme terrestre, on ne peut le faire qu'en rapportant à soi, à cette unité parfaite qui est celle de l'individu, le déploiement de cette richesse ; autant dire que la société mondiale sera au service de chaque individu, dans un individualisme absolument consommé. Le nationaliste sait qu'il est une individuation de la nature humaine, et que cette nature est plus riche que l'individu qu'il est ; cette nature, qui lui est intérieure, lui enjoint de l'extérioriser pour qu'elle soit glorifiée, comme image et instrument de la Gloire de Celui qui la pense. Pour ce faire, il entre en la société qu'il fait être par son intégration même, et vit en elle comme se subordonnant à elle, en plébiscitant sa propre position en elle, fût-elle la plus humble, pour le bien du tout ; et de même il sert sa nation dont il hérite comme d'un devoir à remplir, quand bien même elle n'est pas la plus prestigieuse des nations. Le mondialiste, au contraire, entend extérioriser son intériorité supposée divine dans une vie communautaire qu'il fait être en s'intégrant en elle, non pour la gloire de sa nature normative mais pour sa propre gloire, de sorte qu'il vit en elle en se la subordonnant ; s'il se la subordonne, elle n'est pas normative ; si elle n'est pas normative, elle est un produit de son volontarisme constructiviste ; il sera transsexuel, transhumaniste, métis absolu, citoyen du monde ; il ne se reconnaîtra d'autre norme morale ou juridique que celles que sa subjectivité se donne. Et il entendra faire s'actualiser les virtualités de la nature humaine — ou ce qui en sera le substitut — tout entière et totalement en chaque individu.

S'il est permis d'user d'une métaphore, nous dirons ceci :

Autre chose est, pour un homme, de jouer dans une pièce de théâtre pour la gloire du texte, en se cantonnant au rôle que le metteur en scène lui assigne, et en consentant à reconnaître qu'il faut de nombreuses pièces de théâtre pour décrire le tout de la condition humaine ; autre chose est, pour ce même acteur, de prétendre assumer, en vue de sa propre gloire, et de manière concomitante, tous les rôles de toutes les pièces de théâtre possibles ; dans les deux cas pourtant, ce sont toutes les manières d'être homme qui sont jouées. Mais dans le premier cas l'acteur est instrument du texte, et les textes sont irréductiblement différenciés parce que la nature de ce qui est à dire répugne à être exprimée tout entière et totalement en un seul texte ; dans le second cas, le texte devient inintelligible, telle une bouillie informe, et l'acteur devient un histrion monstrueux.

Le bien commun *immanent*, c'est-à-dire le bien *politique*, n'est consommé que dans la forme de l'État-nation, comme l'a bien rappelé Hegel : « Pour Hegel <et contre les philosophies politiques du contrat social>, l'universel ne s'accomplit politiquement que s'il n'est pas d'abord posé dans l'abstraction d'un idéal, mais s'il se pose dans la réalité d'un peuple ou d'une nation appelée à se constituer enfin rationnellement, mais dans la chair d'une communauté historique. L'État-nation, qui, en sa réalité, en tant que telle déterminée, limitée ou particularisée, est la vérité définitive du politique, réfléchit ou intériorise sa totalité dans ses membres sous la forme du patriotisme ou du civisme » (Bernard Bourgeois, *Sur l'histoire et la politique*, Vrin, 2018, p. 177). Il en est ainsi parce que la réalité terrestre est hylémorphique, de sorte que la réalité politique est matière par sa nation et forme par l'État. Mais le bien commun y est aimé pour lui-même, de sorte que la réalité en acte des potentialités de la nature humaine — réalisation qui constitue le contenu effectif du bien commun — est voulue pour elle-même, et, pour cette raison même, elle est voulue en sa forme politique et non dans celle d'une individualité personnelle : l'individu est pour sa nature et non la nature d'un individu pour son individualité. Chaque État-nation fait se déployer la diversité des talents humains dans une communauté de destin hiérarchisée dans laquelle chaque sujet singulier se voit distribuer, par le tout, sa vocation particulière au sein du tout, en fonction — autant qu'il est possible — de ses aptitudes naturelles. Pour cette raison, le Politique, *en tant qu'il se sait terrestre et seulement terrestre*, ne prétend pas actualiser les virtualités de la nature humaine tout entière et totalement. Parce que la nature humaine ne subsiste tout entière que dans un individu personnel, une projection actualisante des richesses intérieures de la nature humaine ne peut se faire selon le degré parfait ou exhaustif de cette extériorisation, car ce degré, en tant qu'ultime, exigerait que la société en laquelle une telle « extraposition » s'accomplit fût elle-même personnelle, ainsi substantielle : la sociabilité se réaliserait dans l'unité d'une substance et il n'y aurait qu'une seule société, et ce serait l'État mondial. Et le bien commun coïnciderait avec le Souverain Bien. Exiger du Politique qu'il satisfasse aux réquisits du Souverain Bien, c'est au fond déifier la cité en la substantifiant. Ce qui a vocation à s'actualiser tout entier mais non totalement dans un individu ne peut pas s'actualiser, s'extérioriser ou se déployer dans une entité qui le réaliserait selon le degré exhaustif de son extériorisation, car cette entité devrait jouir de l'unité (individualité) de ce qui peut s'accomplir tout entier, et de la pluralité de ce qui se manifeste totalement ; or l'unité de l'unité et de la pluralité est la totalité qui, si elle n'est qu'accidentelle (ainsi qu'il en est dans le cas de la cité classique), n'a pas d'unité parfaite, ne jouit pas de cette unité parfaite ou substantielle qui caractérise la personne. Si l'on entend, contre toute raison, réaliser une telle entité, elle se voudra société substantielle, ce qui sera rendu possible par la réduction de chaque individu à la conscience de soi d'un tout par lequel on définira la nature humaine elle-même, en tant qu'inclusive, en acte, de toutes ses manières d'être. Par là elle sera mondiale, mais la nature humaine réduite à l'ensemble des relations sociales aura perdu son statut de cause de l'humanité en chaque homme, elle sera le résultat des décrets et de la praxis de libertés sans nature et constructivistes qui, causes de ce qui est supposé représenter leur idéal, s'arrogeront le privilège d'être chacune pour elle-même son propre idéal, de sorte que la société mondiale sera en dernier ressort l'instrument de la déification de chacun. Et évidemment le bien commun aura disparu.

Les considérations qui précèdent, certes laborieuses et rébarbatives, permettront peut-être de comprendre ceci :

Le nationalisme et le mondialisme ont en commun de reconnaître, dans la chose politique en général, un souci d'extériorisation actualisatrice de l'essence humaine ; nationalisme et mondialisme s'opposent, mais ils ont quelque chose de commun. On aura ainsi tôt fait de discerner entre eux une affinité maligne, cette espèce de solidarité qui lie les termes logiquement contraires, lesquels s'opposent en tant qu'ils appartiennent au même genre. Nationalisme et mondialisme seraient ainsi des *frères* ennemis, également condamnables en tant qu'ils sont frères. Tel est le diagnostic sans appel des « sages » autoproclamés, ceux-là mêmes qui professent que la contre-révolution est le contraire de la révolution et non une révolution contraire ; ce sont encore ceux qui voient dans le fascisme et dans le national-socialisme d'une part, dans le communisme d'autre part, des « frères » ennemis.

Et c'est cela même qu'il serait erroné et politiquement suicidaire de penser. Pour avoir cru qu'ils l'étaient, les tenants bien-pensants de l'ordre des choses, les Traditionalistes antirévolutionnaires, ont condamné — pour reprendre l'image ci-dessus convoquée — le théâtre dans son principe : sous le prétexte que le goût pour l'art théâtral peut par accident susciter des monstres d'orgueil, ils ont cru que le théâtre serait intrinsèquement pervers ; de ce que la naturelle pulsion d'actualisation politique des potentialités de la nature humaine peut, en se pervertissant, engendrer le mondialisme, ils ont condamné cet appétit communautaire. Ce faisant, ils en sont venus à répudier le Politique entendu telle l'actualisation des potentialités de la nature humaine, pour le réduire à un instrument de la sanctification de chacun ; ce faisant, ils ont détruit, malgré qu'ils en eussent, l'idée de bien commun et, avec elle, la condition naturelle de la sanctification surnaturelle.

§ 9.2.3 Empire et Église

Procédons encore à quelques rappels en forme de récapitulation.

Une nature ou essence trouve son paradigme dans une Idée divine éternelle. La nature humaine est tout entière en chaque homme, autrement aucun homme ne serait complètement humain ; mais cette nature n'est pas totalement en lui, autrement il n'y aurait qu'un seul homme. Elle est tout entière et non totalement en chaque homme qui de ce fait est une individuation de sa nature. Elle est individuelle en tant qu'elle est individuée mais, n'étant pas individuelle à raison d'elle-même, elle exerce en lui une causalité universelle qui lui enjoint de la faire se réaliser dans toute sa perfection, diachroniquement et synchroniquement. Diachroniquement : tout vivant engendre, communique son espèce et rend possible l'existence de nouveaux individus qui déploieront d'autres aspects de la nature humaine ; synchroniquement : tout homme est habité par le désir de faire société, de s'inscrire dans un tout qui réalisera et manifestera culturellement (objectivation de tous les aspects de l'essence de l'homme) mieux que lui-même les perfections de sa nature. Et tel est le désir politique. *Concrètement, en vertu de ce qui précède, le bien commun politique est la réalisation en acte de toutes les potentialités de la nature humaine à l'intérieur d'une communauté de destin.* Le détenteur de l'autorité politique est la conscience de soi, singulière ou personnelle, de cette puissance à produire la société, qui est immanente à tout homme. C'est parce qu'elle est immanente à tout homme que la cité est organique et qu'il y a primat du bien commun. Mais cette immanence n'implique pas l'idée démocratique : si la cause efficiente de la cité est la nature politique de l'homme immanente à tout homme et accédant à sa personnification dans un chef, il faut remarquer que la puissance est puissance des contraires (obéir et commander), de sorte que seul le détenteur personnel de l'autorité actualise, en tant qu'il commande, cette puissance, immanente à tous ; la puissance immanente à tous à produire la cité s'actualise comme obéissance dans les dirigés et comme commandement dans le dirigeant.

Cela dit, une nature ne peut exister que comme individuelle (l'humanité n'existe pas hors des hommes), et de surcroît la nature humaine ne peut exister en un individu en y déployant toutes ses richesses : on est homme *ou* femme, blanc *ou* noir, etc., on ne peut avoir tous les talents. La concrétisation d'une nature communicable exige qu'elle se réalise en oblitérant certaines de ses potentialités en celui auquel elle se communique. Et même la communauté mondiale de tous les humains ne saurait faire un tout capable d'épuiser toutes les potentialités de la nature humaine, car les modes d'individuation de cette dernière sont infinis. Une substance est un individu, elle est ce qui existe en soi, à la différence de l'accident qui existe dans un autre. Une essence capable d'exister, ainsi de se singulariser, en épuisant dans la substance habitée par cette nature toutes les richesses ou potentialités d'une telle nature ou essence, c'est une nature angélique. L'ange Gabriel est une nature ou essence à lui tout seul, il est la réalisation singulière d'une espèce. Il n'appartient qu'à ce qui est son espèce d'avoir le pouvoir de posséder son essence tout entière et totalement, par là d'en exprimer ou extérioriser toutes les virtualités sur le mode accidentel et culturel.

Ainsi donc, si l'on décide, par orgueil, de réduire l'essence humaine à l'ensemble des relations sociales ; si l'on pose que la société comprenant l'humanité entière (ce serait l'État mondial) est la substance unique commune à toutes les personnes humaines ; si l'on fait de chaque personne humaine une conscience de soi de la substance commune à toutes ; si donc on pose que toutes les personnes sont consubstantielles et ne sont substantiellement qu'un individu ; alors il devient possible de prétendre que cette unique substance pourrait contenir toutes les potentialités de son essence qui, de ce fait, pourrait être tout entière et totalement en cette substance collective. Soit : en réduisant l'essence humaine à l'ensemble des relations sociales, on peut se donner l'impression de conférer au genre humain un mode d'être angélique. Mais il faut remarquer que la société est créée par l'homme, qu'il peut agir sur elle et la modeler à son gré. Dès lors, si la nature humaine est l'ensemble des relations sociales, l'État mondial sera la réalisation en acte du tout de la condition humaine, mais il s'agira d'une nature humaine construite ou artificielle, ainsi d'une essence humaine que l'homme se donne, de sorte que l'homme se voudra, par elle, créateur de lui-même, raison suffisante de lui-même, divin. *Le sens profond du désir d'élaborer l'État mondial est la déification du genre humain.* Le citoyen du monde s'aliène dans une substance unique afin de se donner le moyen de se penser comme réalisant son espèce tout entière à lui tout seul, mais il se récupère en tant qu'individu conscientiel en se subordonnant cette substance qu'il peut modeler à son gré afin de se vouloir créateur de lui-même en tant que créateur de son essence, se parant de tous les attributs de l'espèce humaine dont chaque individu se prétendra l'hypostase : il sera homme *et* femme, blanc *et* noir, il sera de toutes les nations et de toutes les cultures à la fois ; il sera, pour finir et « se finir », transhumaniste.

Si l'on maintient que la nature humaine est un donné d'origine divine et non le résultat d'une construction volontariste, on doit s'en tenir à cette idée qu'elle ne peut se réaliser tout entière et totalement en un individu ou même en un groupe — si grand soit-il — d'individus. Ce qui revient à dire que l'État mondial est satanique, et qu'il n'y a communauté politique que s'il y a *des* communautés politiques. Une nation est une manière exemplaire d'être homme, convoquant l'histoire (la mémoire du passé), la race, le paysage, la culture, les mœurs, la sensibilité, la conscience d'appartenir à une même communauté de destin. La nation est l'incarnation d'un degré d'objectivation de la nature humaine tout entière et non totalement présente en un groupe d'individus se reconnaissant en cette manière communautaire de s'objectiver la nature humaine. Si l'on se souvient que l'État (et les lois qu'il pose) est à la nation comme la forme l'est à la matière ; si l'on se souvient aussi que le principe d'individuation de la forme est la matière, alors on dira que la nation est principe d'individuation de l'Idée de l'État. Cela dit, la forme individuée et la matière informée sont une seule et même chose. Il y a donc État *politique* si et seulement si il y a *des* États. La nation est une manière collective et paradigmatique, quoique particulière, de réalisation de la nature humaine.

Il y a bien commun seulement s'il y a nation, explicitement ou non :

Le bien commun est la réalisation en acte de toutes les potentialités de la nature humaine en tant qu'elle est tout entière quoique non totalement immanente à une manière particulière d'être homme. Mais cette réalisation en acte n'est possible que dans la forme de la nation. Donc il y a bien commun *politique* seulement s'il y a nation.

Cela dit, le bien n'est-il pas d'autant meilleur qu'il est plus commun ? Et le bien commun de l'Europe n'est-il pas plus commun que celui de chaque nation d'Europe ? Allons plus loin : le bien commun de la communauté humaine tout entière n'est-il pas plus commun que celui de l'Europe ? N'est-on pas alors en demeure, dans cette perspective, et pour autant que nos prémisses soient exactes, de plaider en faveur de l'État mondial chargé, quant à lui, de réduire la diversité des nations à une seule, pour rendre possible ce bien commun terrestre universel ? Répondons :

Il peut y avoir bien commun de la communauté humaine tout entière, mais cette communauté ne peut avoir la forme d'un État (qui serait mondial). Donc un tel bien commun mondial, en effet meilleur (à raison de sa plus grande communauté) que le bien commun national-étatique, n'est pas un bien véritablement politique, il est supra-politique. Le seul mode achevé d'unification des hommes qui excède la communauté politique est le lien religieux. Donc le bien commun qui transcende l'ordre politique, et qui unit les nations, est de forme ecclésiale. L'État mondial qui se prétend politique, c'est une laïcisation et une perversion de l'idée d'Église, c'est l'Église de la religion de l'homme et non de Dieu. Entre l'État mondial impossible, et les États-nations possibles, il y a le bien commun de l'Europe, qui n'est plus tout à fait politique et qui n'est pas encore proprement religieux, qui a quelque chose de politique mais qui doit demeurer inachevé, ainsi qui ne doit pas contracter la forme d'un État ; c'est l'Empire, qui réunit les États-nations selon un lien seulement féodal, pré-politique : le domaine du politique s'achève, aux deux sens du terme, dans cette médiation entre politique et religion qu'est l'Empire. L'Empire est en fait assumé par une nation au sein des nations sœurs dépositaires de cultures analogues, l'Empire est suzerain des États-nations dans une fédération souple et précaire, qui n'a pas la perfection d'un État et qui ne doit pas l'avoir. L'Empire d'Occident est indo-européen (et seulement indo-européen), catholique, de culture gréco-latine et celto-germanique. La France est, dans l'Europe, ce lieu et cette configuration spirituelle en lesquels se réfractent tous les aspects du génie indo-européen ; c'est là sa différence spécifique ; la France est à l'Allemagne comme la Grèce le fut à Rome.

Le nationalisme bien compris exige le recours à l'Empire comme manière d'unifier des nations porteuses d'un legs racial et culturel analogue commun. Il est la forme politique qui se défait « par le haut » en direction d'une forme d'unité qui n'est plus vraiment politique mais supérieure au politique. Le nationalisme bien compris respecte les régions (le tout protège ses parties), mais il ne se réduit pas au régionalisme qui est l'acte de défaire la nation « par le bas » et qui prépare le processus de la destruction des nations et l'avènement de l'État mondial. La région est une manière d'être homme elle aussi, honorable, mais elle a vocation à s'inscrire organiquement dans la nation, qui seule est dotée d'une richesse et d'une complexité suffisantes pour satisfaire au réquisit du politique : ce réquisit est d'exprimer culturellement le tout de la nature humaine dans une manière d'être paradigmatique quoique particulière, c'est-à-dire d'incarner historiquement un degré culturel d'objectivation achevé de la nature humaine.

Et l'Empire d'Occident, quel que soit le nom qu'on lui donne, a vocation à exercer à l'égard des autres empires (les mondes slave, asiatique, sémitique et négroïde) une fonction analogue, à son niveau, à celle qu'entretient la nation suzeraine destinée à assumer la vocation impériale sur les nations sœurs qu'elle embrasse. Tel est l'empire américain actuel, mais c'est une excroissance pathologique de l'Europe insurgée contre sa racine, une nouvelle Carthage et non une nouvelle Rome, elle est le substrat du mondialisme, non par accident mais par essence. L'ordre des choses voudrait que l'entité états-unienne recouvrît, par son éclatement, le statut de colonie européenne soumise au magistère de l'Europe. Le centre spirituel, religieux et intellectuel, mais aussi technique et racial du Monde, c'est en droit l'Europe, et tout le monde le sait au fond de lui-même, même les Américains. « *Austriae est imperare orbi universo* » : oui, si par « *Austria* » on entend le nom générique d'une nation européenne capable d'assumer la vocation d'un magistère impérial.

Les purs traditionalistes réactionnaires sont cohérents quand ils refusent en bloc *et* la nation (supposée jacobine par essence : on obéirait à la nation pour se dispenser d'obéir au roi) *et* le bien commun (l'organicité qu'il suppose serait gravide de démocratie), *et* l'Empire (qui serait antithétique du magistère ecclésial), tel Claude Polin, décédé en 2018 : « C'est la tradition qui a toujours hautement affirmé que la société était faite pour l'individu et non l'individu pour la société ; c'est au contraire la doctrine totalitaire qui veut que le tout soit la fin unique de tous les actes de l'individu » (*Le Totalitarisme*, PUF, 1982, p. 12) ; en fait, Polin fils rejoint, comme malgré lui, son père en adoptant cette position : il est libéral ; au reste, les libéraux ont toujours supporté les réactionnaires avec une commisération amusée, ils n'ont jamais supporté les fascistes qui ont l'outrecuidance de dénoncer l'inachèvement de la « bien-pensance » traditionaliste. On est loin, avec ce traditionalisme, de saint Thomas d'Aquin : « *totus homo ordinatur ut ad finem ad totam communitatem cujus est pars* » (*Somme théologique*, II^a II^{ae}, q. 65, a. 1) ; « *bonum commune est melius et divinius quam bonum unius* » (*Pol.* I, lect. 1) ; « *imperfectum ordinatur ad perfectum. Omnis autem pars ordinatur ad totum sicut imperfectum ad perfectum. Et ideo omnis pars est naturaliter propter totum.* [...] *Quaelibet autem persona singularis comparatur ad totam communitatem sicut pars ad totum* » (II^a II^{ae}, q. 64, a. 2).

À la lumière des considérations qui précèdent, il est permis de discerner, dans la prétention française à se vouloir « peuple élu du catholicisme », une tentative d'usurpation de la vocation impériale telle que définie ici, comme médiation entre l'unité fondée sur la recherche du bien commun politique, et l'unité fondée sur celle du bien commun religieux. Ce n'est pas à dire que la nation authentiquement destinée à exercer une vocation impériale aurait raison de « peuple (surnaturellement) élu ». Il n'y a qu'un peuple élu : la race élue des baptisés. C'est-à-dire que la France — une certaine France, tant celle des monarchistes que celle des Jacobins, frères ennemis au fond — s'est inventé un statut de « Nouvel Israël » *politique* pour justifier cette usurpation. Ce faisant, quelque pieusement intentionnés que soient les théoriciens de cette cause, ses propugnateurs n'ont rien fait d'autre, en exacerbant un nationalisme antithétique du bien commun européen, c'est-à-dire un faux nationalisme, que de poser les conditions d'avènement de l'État mondial satanique.

§ 9.3 Monarchie fasciste : conclusion

Le troisième problème concerne **l'idée de régime idéal**.

Mussolini s'est voulu longtemps fasciste monarchiste, et il semble bien que le régime idéal soit cela : une monarchie organique. Mais on peut se demander si le problème du rapport de solidarité et de conflit qui existe entre nationalisme et royauté, ou fascisme et monarchie, n'est pas, en dernier ressort et sur le plan pratique, un faux problème.

En effet, cette unité entre monarchie et fascisme ne pourrait dans le temps se réaliser de manière solide et véritablement accomplie, et elle ne saurait être politique ; elle serait semblable à un acte d'intellection subsistant (dans le sens où Antoine de la Mère de Dieu, Carme de Salamanque, définissait la déité tel un « *intelligere* subsistant »). Elle serait le terme de l'évolution du Politique, qui coïncide avec sa sublimation dans un changement de sphère spirituelle. Expliquons-nous :

Savoir est savoir qu'on sait, savoir quelque chose consiste à se savoir sachant ; mais savoir quelque chose est aussi s'objectiver ce que l'on sait ; donc savoir est, dans un même acte, s'atteindre par réflexion et se mettre à distance de soi, demeurer identique à soi dans et par l'acte de se différencier de soi, ce qui n'est réalisable que dans l'acte d'un engendrement intérieur au géniteur : il est de la raison de tout acte d'intellection de s'accomplir dans un verbe, enseigne saint Thomas d'Aquin dans le *de Potentia*. Cela vaut même pour la Vie divine, dans laquelle le Père engendre un Verbe subsistant qui est son Fils, son Engendré, ainsi son « concept », qui est une Personne. Dans l'acte d'intellection, le mouvement de la réflexion sur soi coïncide avec la staticité de l'objectivation de soi, et tout autant la staticité de l'identité à soi coïncide avec le mouvement de différenciation de soi ; organicité et ordre, vie et immobilité absolutisées s'identifient l'une à l'autre. Mais c'est là l'apanage de Dieu seul, et des créatures pensantes qui sont à Son image mais qui, n'étant que Son image, sont faillibles. Dans le monde spatio-temporel, ainsi dans le monde politique, on ne peut en prudence attendre autre chose que la succession des deux exigences, imitation finie de la vie spirituelle infinie, « image mobile de l'éternité immobile » (Platon). C'est dans cette perspective que nous comprenons la formule fameuse d'Antoine de Rivarol : « Les nations sont des vaisseaux mystérieux qui ont leurs ancres dans le ciel. » À distance de ce dont elles procèdent et à quoi elles sont attachées par un lien vital de dépendance, les nations sont telles que chacune ne peut qu'imiter sur le mode de la succession de ses deux modes idéaux d'organisation (hiérarchie suspendue à un Principe transcendant, et organicité totalisante exigeant du tout social qu'il ait en lui-même le principe — ainsi immanent — de sa structuration) les aspects de la perfection du Modèle qui les fait s'identifier en Lui en les maximisant.

On ne peut fonder un ordre politique dont le fonctionnement supposerait que tous les hommes fussent des saints, même si l'on sait qu'ils ont tous vocation à l'être ; c'est l'homme intègre qui doit être pris en référence pour penser le meilleur régime, parce que l'homme idéal n'est pas une chimère mais ce qui fait que l'homme réel est homme ; cependant, les choses sont ainsi faites que l'homme n'est homme qu'à tendre à être plus qu'homme, dans le moment où l'appétit frénétique du sur-homme le fait se défaire et dégénérer en sous-homme. C'est pourquoi, si le pessimisme fait partie du réalisme, même et surtout de ce réalisme qui sait que le réel n'est tel que par l'Idée qui l'inspire, l'homme prudent, que sa prudence ne rend pas hostile à l'audace (la prudence est une vertu intellectuelle, l'audace est une passion de l'irascible), ne cherchera pas à réaliser dans l'histoire ce dont la réalisation annoncerait la fin de l'Histoire. La synthèse de la monarchie et de l'organicité nationale ne peut se faire que de manière inachevée, dans la forme, peut-être, d'une monarchie assez forte pour s'autoriser à nourrir en son propre sein, en trouvant le moyen de la contrôler, une instance potentiellement révolutionnaire habilitée à remettre en cause son propre contenu sans en changer la forme, c'est-à-dire sans faire basculer la monarchie dans son contraire libéral et démocratique. Mais cette même synthèse inachevée est-elle longtemps viable ? Est-elle plus qu'une transition entre fascisme plus fasciste que monarchiste, et monarchie plus monarchique que fasciste ?

On ne peut ni faire de manière durable la synthèse de la monarchie et du fascisme, ni faire jouer l'un contre l'autre. On ne peut faire jouer l'un contre l'autre, ainsi les déclarer exclusifs l'un de l'autre, parce que l'un est condition de possibilité de la pérennité de l'autre ; on ne peut faire leur synthèse, parce qu'ils se repoussent l'un l'autre à cause des pesanteurs propres de chacun : sans organicité, la monarchie, par son mode de fonctionnement dynastique, tend naturellement à organiser la société en ordres qui — les hommes étant ce qu'ils sont — se sédimentent en classes et s'alourdissent en recherche de privilèges incapables de rendre possible le renouvellement de leurs élites ; sans la monarchie, le fascisme s'épuise à renouveler des élites en permanence sans leur donner le temps de se stabiliser et de donner le meilleur d'elles-mêmes en mûrissant : l'esprit de compétition et de dépassement de soi doit se reposer, pour conjurer son exténuation, dans une atmosphère de paix, de sorte que le fascisme sans stabilisation monarchique tend naturellement à dégénérer en méritocratie qui réduit la société au champ de bataille des ambitions individuelles.

L'ordre des choses humaines terrestres, c'est le balancement entre périodes qui privilégient la staticité de l'ordre (monarchie), et les moments nécessaires de mobilité qui privilégient la reconstitution de l'organicité (fascisme). L'unité des deux est théoriquement possible, mais elle ne peut consister qu'en un équilibre précaire, non à cause d'un défaut conceptuel, mais à cause de l'usure de la vertu des hommes.

Cela dit, l'état spirituel lamentable de l'Allemagne (elle a peur de l'ombre de son ombre, affligée du « *schlechtes Gewissen* » soigneusement entretenu depuis plus de soixante-dix ans) exclut qu'elle recouvre sa vocation politique avant longtemps, et c'est peut-être au nationalisme français, le plus élaboré conceptuellement de tous les nationalismes, qu'il appartient aujourd'hui de réveiller les nationalismes européens et d'en prendre la tête, aussi longtemps qu'il le faudra pour que l'Europe retrouve sa place naturelle de centre politique, religieux et culturel du monde entier.

Ensuite, si tant est qu'on y parvienne jamais, « on verra »... Le problème pratique, ce n'est pas de savoir si la chose est possible (il est évident qu'elle est à vue d'homme impossible) ; il est de savoir si elle est nécessaire. Si l'on est convaincu de sa nécessité, elle deviendra possible. Et si elle se révèle quand même impossible, c'est qu'on est près de la fin du monde qui peut néanmoins mettre beaucoup de temps à mourir. Quoi qu'il en soit, nul ne sait ni le jour ni l'heure. C'est pourquoi notre devoir est de combattre sans souci « réaliste » du résultat, par la prière, par le fer, par le travail, par l'exemple, par la parole et par la plume : « croire, obéir, combattre », mais avec assez de distance critique tant pour ne pas se laisser aveugler par l'ivresse de l'action que pour éviter de confondre fidélité et obstination passionnelle.

TABLE DES MATIÈRES

Lightning Source UK Ltd.
Milton Keynes UK
UKHW020834030223
416423UK00016B/1196